W0244248

Die Bibelzitate wurden folgenden Übersetzungen entnommen:

Hoffnung für alle (Hfa)
Luther (L)
Revidierte Elberfelder (RE)
Einheitsübersetzung (EÜ)
Züricher (Zü)

Das Original erschien
im Jahr 2000 unter dem Titel
„Unexpected Grace. Comfort in the Midst of Loss"
in Nashville, Tennessee, bei Thomas Nelson Inc.
© Sheila Walsh 2000

Aus dem Amerikanischen von Markus Baum
Lektorat: Petra Lütjen

© der deutschsprachigen Ausgabe:
2004 Brunnen Verlag Gießen
www.brunnen-verlag.de
Umschlagfoto: Klaus Ender, Rügen / Sheila Walsh, privat
Umschlaggestaltung: Ralf Simon
Satz: DTP Brunnen
Herstellung: Ebner & Spiegel, Ulm
ISBN 3-7655-1865-4

Inhalt

Für Christian Walsh Pfaehler – von zwei Frauen,
die dich überaus lieben:
von deiner Mama und deiner Oma.
Wir erzählen diese Geschichte,
damit du keinen Tag deines Lebens vergisst,
wie freundlich Gott ist.
Du sollst wissen, mein Junge:
In guten wie in schlechten Tagen
umfängt uns seine unerschöpfliche Liebe.

Unsere Geschichte

Nie hätte ich mir vorstellen können, dass ich einmal ein Buch wie dieses schreiben würde. Ist es nicht ausgesprochen unfair, wenn man sich über die Beziehung zu einem Menschen auslässt, der bereits gestorben ist? Meine Version der Ereignisse, die unser beider Leben für immer verändert haben, kann doch niemals die ganze Wahrheit sein! Ich kann mich ja noch nicht einmal mehr an alles erinnern, was geschehen ist.

Aber das eine ist gewiss: Als Eleanor Pfaehler und ich uns zum ersten Mal begegneten, da standen wir nicht auf derselben Seite, und zwischen uns stand eine unsichtbare und scheinbar unüberwindliche Mauer. Eleanor war Barry Pfaehlers Mutter, und ich war seine Freundin. Barry ist ein Einzelkind; Eleanor und William hatten zwölf lange Jahre auf diesen Jungen warten müssen, der nun sein Herz und seine Träume mit mir teilte. Eleanor und ich konnten zwar über diese Barriere sprechen. Gelegentlich kam es einmal zu einer Umarmung. Aber die Mauer blieb stehen.

Dann wurde Eleanor konfrontiert mit der Diagnose Leberkrebs. Eine Zeit lang wuchs die Mauer noch höher. Am Ende hat Gottes Gnade – und nur sie – die Mauer zum Einsturz gebracht. Eleanor und ich schwammen in einem Meer der Gnade, wir klammerten uns aneinander, richteten uns gegenseitig auf, beide hätten wir alles füreinander gegeben.

Wie war das möglich? Ich bin nicht sicher, ob ich schon voll und ganz verstanden habe, was passiert ist. Ich weiß nur eins: Eleanor hat auf ihrer letzten Wegstrecke das gefunden, was sie ein Leben lang gesucht hatte. Und was mich anging: Ich bin über all die bedeutungslosen Eifersüchteleien hinweggekommen und habe meine Schwiegermutter und Schwester in Christus lieben gelernt. Was in Eleanors letzten Lebenswochen passiert ist, das erst hat mir die Freiheit gegeben, diese Geschichte niederzuschreiben. Denn am Ende vertraute mir Eleanor auch in ihren schwächsten Momenten, in denen sie am verletzlichsten war. Sie hat mir sogar erlaubt, sie zu pflegen – eine sehr intime, ehrwürdige Aufgabe.

Aber ich will nicht vorgreifen. Zunächst einmal muss ich Ihnen erzählen, wie alles begann. Eine nicht immer erfreuliche, aber wahre Geschichte.

Es befremdet mich, dass ausgerechnet wir Christen uns oft schwer damit tun, die Wahrheit zu sagen. Vor einiger Zeit wollte ein Reporter in New York von mir wissen, welche Frage mir am häufigsten gestellt wird. Die Antwort fiel mir leicht. Es handelt sich um die Frage: „Fällt es Ihnen schwer, so aufrichtig zu sein?"

Ist das nicht befremdlich, wenn einem Christen eine solche Frage gestellt wird? Offenbar nicht. Lügen sind sehr viel angenehmer und tröstlicher. Wir wollen gerne glänzen – aber in Wirklichkeit ist vieles an unserem alltäglichen Leben zumeist nicht sehr glanzvoll. Ich für mein Teil habe mir wieder neu vorgenommen, es einfach mit der Wahrheit zu halten.

Eleanors Leben und ihr Sterben hat mich verändert, so wie auch sie verändert worden ist. Darum geht es in unserer Geschichte. Es ist nicht meine Geschichte, es ist *unsere* Geschichte. Darin eingeflochten einige der Psalmen, die ich Eleanor in ihren letzten Tagen vorgelesen habe. Ich habe auch einige ihrer liebsten Lieder eingefügt – so können Sie teilhaben an der Anbetung, die wir in den letzten gemeinsamen Tagen gepflegt haben. Dazu kommen noch einige Liedtexte meines Albums *Blue Waters* und andere Gedichte, die ich während dieser Zeit geschrieben habe.

Mir gefällt der Gedanke, dass Eleanor neben mir sitzt, während ich schreibe. In einem gewissen Sinn tut sie genau das. Mein und ihr Leben sind unauflöslich miteinander verwoben. Das kann eigentlich nur Gott gemacht haben.

Erster Teil:

Am Anfang

Hätte ich doch die Gewissheit,
die Güte des Herrn zu schauen
im Land der Lebenden.
Hoffe auf den Herrn.
Sei stark, dein Herz sei unverzagt.
Hoffe auf den Herrn.

Psalm 27,13-14 (Zü)

Erste Begegnung

Seht zu, dass niemand die Gnade Gottes verscherzt, dass keine bittere Wurzel wächst und Schaden stiftet und durch sie alle vergiftet werden.

Hebräer 12,15 (EÜ)

Das erste Mal bin ich Eleanor an Thanksgiving[1] 1993 begegnet. Ich kann mich noch gut daran erinnern. Ich war bereits sechs Monate mit Barry befreundet, und er hatte mich eingeladen, den Feiertag bei seinen Eltern in Charleston, South Carolina, zu verbringen. Ich studierte damals am Fuller Seminar (Fuller Theological Seminary) in Pasadena. Barry arbeitete für eine Fernsehgesellschaft in Orange County, ebenfalls in Kalifornien. Der Besuch bedeutete also für uns beide eine Flugreise von der West- zur Ostküste.

Als wir in Atlanta zum letzten Mal das Flugzeug gewechselt hatten, sagte ich zu Barry: „Erzähl mir von deiner Mutter."

Er lächelte. „Womit soll ich anfangen?"

„Steht ihr euch sehr nahe?", fragte ich, um das Feld etwas einzuengen.

„Kann man so sagen", gab Barry zurück. „Mom und Dad haben zwölf Jahre warten müssen, bis sie endlich ein Kind bekamen – und das bin ich!"

Großartig, dachte ich. *Ich werde also die „andere Frau" sein.*

Ich hatte bis dahin schon ein paar Mal mit Eleanor telefoniert. Ihr Charleston-Akzent war mindestens genauso stark ausgeprägt wie mein Schottisch. Ihre Stimme erinnerte mich an die angenehme Südstaaten-Aussprache in dem Film *Herr der Gezeiten.* Sie klang stets warm und freundlich. „Du bist eine Gebetserhörung", hatte sie mir mal gesagt. „Wir wussten nie, wen uns Barry nach Hause bringen würde."

Vor meinem geistigen Auge erschienen Straßenköter, wilde Amazonen, Rockerbräute. Eleanor hatte mich im Fernsehen gesehen – ich moderierte damals den *700 Club* –, und das hieß: Ich hatte den ersten Test schon bestanden.

„Mom redet ziemlich viel", setzte Barry fort.

„Dann müssten wir uns eigentlich vertragen", sagte ich.

„Ja ... aber mach dich gefasst auf ein ausführliches Verhör. Mom möchte gern über alles Bescheid wissen."

„Das kann dauern", sagte ich. „Jede Frau hat eine Menge zu erzählen."

Als die Maschine zum Landeanflug auf Charleston ansetzte, blickte ich aus dem Fenster auf Schilfwiesen und eine Vielzahl kleiner Flüsse, die sich miteinander vereinten, so wie die Venen in einem menschlichen Körper zusammenführen, je näher man dem klopfenden Herzen kommt.

Später, als wir durch die Empfangshalle des Flughafens gingen, sagte ich zu Barry: „Geh du vor." Ich konnte William und Eleanor schon am Ende stehen sehen, wie sie besorgt in der Menge nach ihrem Jungen Ausschau hielten. William war etwas über einen Meter siebzig groß, hatte silbernes Haar, und sein Gesicht war zerfurcht einerseits von Lachfalten, aber auch von der Sorge, dass die große Depression wiederkehren könnte. Eleanor maß vielleicht einen Meter sechzig; sie hatte schöne rote Haare, die perfekt mit ihrem lindgrünen Hosenanzug harmonierten. In der Hand hielt sie eine einzelne gelbe Rose.

Barry ging erst auf seine Mutter zu und umarmte sie, danach seinen Vater. Ich hielt mich noch zurück, wollte den dreien erst etwas Zeit geben, aber da kam Barry auch schon zu mir und schob mich nach vorne. „Mom ... Dad, das ist Sheila."

Eleanor überreichte mir die Rose und drückte mich dann an sich. „Es kommt mir vor, als würde ich dich bereits kennen", sagte sie.

William lächelte warmherzig und umarmte mich ebenfalls. „Ich werde mein bestes Benehmen an den Tag legen, solange du hier bist", sagte er mit einem Augenzwinkern.

„Genau, Dad, mach das", parierte Barry lachend.

Barry ging den Weg zur Gepäckausgabe voraus, Arm in Arm mit Eleanor. William und ich bildeten die Nachhut. Wir übten uns so lange in Smalltalk, bis unsere Koffer auftauchten. Dann falteten wir uns in einen alten, blassgelben Cadillac hinein.

„Ich habe deinen Sender eingestellt", sagte William zu Barry. John Cougar Mellencamps Lied „Jack and Diane" erscholl aus den Lautsprechern. Ich starrte wie verzaubert auf die Landschaft draußen: Wir überquerten gerade die James Island Brücke und steuerten auf die Insel zu, wo die Pfaehlers wohnten. Schon bald bogen wir in den Martello Drive ein, eine hübsche Straße mit adretten Häusern, gepflegten Vorgärten und Schaukelstühlen auf den vorgebauten Veranden. William hielt vor der Hausnummer 353.

Als Erstes fielen mir die Blumenrabatten ins Auge, dicht bepflanzt mit Stiefmütterchen in den verschiedensten Farben.

„Wer von euch hat einen grünen Daumen?", fragte ich.

„Das ist Daddy", meinte Eleanor. „Mit seinen Sommerblumen hat er es schon mal bis ins Lokalfernsehen gebracht."

Barry und sein Vater luden das Gepäck aus dem Auto. Unterdessen geleitete mich Eleanor durch die Hintertür ins Haus. Das Esszimmer und die Küche waren mit kaffeebraunem Holz getäfelt, und jeder freie Fleck war voll gestellt mit Krimskrams und Reiseandenken. Eine ganze Wand hing voller Urkunden und Auszeichnungen aus Barrys Schul- und Studienzeit.

„Zum Abendessen gibt es Barrys Leibgericht", hörte ich Eleanor aus der Küche rufen, als ich mich an den Esstisch setzte. „Ich hoffe, du wirst es mögen."

„Da bin ich mir sicher", gab ich zurück und hoffte im Stillen, dass es sich nicht gerade um gebratene Schlange handeln würde – war aber zugleich entschlossen, auch das zu essen, wenn es denn sein müsste.

„Barry rühmt deine Kochkünste", rief ich in Richtung Küche.

Barry blickte mich verblüfft an. „Wann soll ich das gesagt haben?"

Ich trat ihm gegen das Schienbein.

„Kann ich dir irgendwie helfen", fragte ich und streckte meinen Kopf durch die Küchentür.

„Nicht nötig, schon fertig", gab William zur Antwort und bugsierte uns zurück ins Esszimmer. „Setzt euch an den Tisch."

William hatte schon einige Schüsseln auf dem Tisch platziert. Nun gesellte sich auch Eleanor zu uns mit einer abgedeckten Kasserolle.

„Sprichst du das Tischgebet, Sheila?“, fragte sie mich.

„Du bist der Profi!“, ergänzte William.

Ich kramte also das professionellste Dankgebet aus meiner Erinnerung hervor, und wir begannen zu essen. Es stand genug auf dem Tisch, um eine kleine Armee zu versorgen: frittiertes Hühnerfleisch, grüne Bohnen mit Speck und neuen Kartoffeln, Makkaroniauflauf, Kürbisgemüse, Kartoffelbrei, Soße und Maisfladen.

Wenn wir ein paar Tage lang so tafeln, musste ich denken, *dann wird man mich am Ende durch die Tür rollen müssen!*

Es war ein köstliches Mahl. Barry aß, als hätte er seit Wochen nichts zwischen die Zähne bekommen.

„Du bist mager geworden“, sagte Eleanor zu Barry. Der Blick, den sie mir dabei zuwarf, enthielt zumindest einen milden Vorwurf. Ich musste an die fettarmen Gerichte denken, die ich ihm vorgesetzt hatte, wenn er mich in meinem Appartement besucht hatte. „Vielleicht kannst du mir ein paar von deinen Rezepten verraten“, sagte ich, um ein paar Demutspunkte zu sammeln.

„War's nicht so, dass du diese Art von Essen nicht ausstehen kannst?“, fragte Barry. Ich verpasste ihm den nächsten Tritt.

Nach dem Essen meldeten William und ich uns für den Abwasch, während Eleanor und Barry sich im Wohnzimmer ins Gespräch vertieften. Als wir fertig waren, gingen wir zu ihnen.

„Meine Güte!“, entfuhr es mir, als ich mich umsah. Ich hatte einen Schrein betreten. Fotografien von Barry an jeder Wand, auf jedem Regal, auf jedem Möbelstück – angefangen beim drei Monate alten Säugling bis zu einer Aufnahme aus der vorigen Woche! Wenn es nur Fotos gewesen wären … aber es gab auch Barry als Kohlezeichnung und Barry in Öl.

Fehlt nur noch eine mit Samt ausgeschlagene Vitrine, überlegte ich.

„Besonders mag ich das da“, sagte Eleanor und deutete auf ein großes Ölgemälde, das die halbe Wand einnahm. Barry musste etwa vierzehn gewesen sein; er trug einen grünen Freizeitanzug. Ich konnte mir ein Grinsen nicht verkneifen.

„Cooler Anzug, Barry."

„Stimmt!", war seine Antwort.

Wir unterhielten uns eine noch Weile, dann löste sich die Runde auf.

„Du schläfst hier unten", sagte Eleanor, als sie mich ins Gästezimmer im ersten Stock geleitete: ein hübscher Raum, dekoriert in Rosa und Weiß. Es gab da eine große Vitrine voller Madame-Alexander-Puppen. All die kleinen Frauen aus dem Buch gleichen Namens: Jo, Beth, Amy, Meg und Marmie. Scarlett O'Hara in dem grünen Kleid, das sie selbst aus Vorhängen geschneidert hatte, bevor sie Rhett Butler aufsuchte und von ihm Geld erbat, um Tara zu retten – und eine weitere Puppe in dem verführerischen roten Kleid aus demselben Film. Dorothy und Glenda, die Gute Hexe aus dem Norden aus dem *Zauberer von Oz*. Nancy Reagan. Die Puppen waren alle so perfekt angezogen und drapiert – unmöglich konnte je ein Kind mit ihnen gespielt haben. Bald fand ich diesen Eindruck bestätigt.

„Puppen sammle ich, seit ich vierzig geworden bin", sagte Eleanor. „Das ist mein Hobby."

„Wie viele sind es denn?"

„Ungefähr fünfhundert", war ihre Antwort. „Ich hatte nie eine Tochter, der ich sie hätte schenken können. Also habe ich sie für mich selbst gekauft."

„Sie sind wunderschön." Ich musste an meine wilden Mädchenjahre denken: Das Einzige, was ich je gesammelt hatte, waren Kisten voll mit Insekten und Einmachgläser mit Kaulquappen.

„Danke für das liebevolle Abendessen – und für die Rose", sagte ich.

„Schön, dass du da bist", antwortete Eleanor, als sie den Raum verließ. Dann steckte sie noch einmal den Kopf herein: „Ehe ich's vergesse. Was ich vor allem an dir mag: Du bist nicht einfach nur vernarrt in Barry. Das gefällt mir."

Merke: Sei nicht „einfach nur vernarrt in Barry" – was immer das bedeutet.

Saving Grace

I wanted to be strong, the kind of girl You'd smile upon.
I wanted to be known and yet I always stood alone.
Holding back my fears and questions,
scared to bring them to Your door.
Longing for Your Love and kindness,
but so afraid You wanted more.

I tried to win Your heart. I tried to do more than my part.
I wanted You to see that You could always count on me
'Til finally the image crumbled, left me dying at Your feet.
And in the dust of all my trying. I was at the mercy seat.

Saving grace,
You are my saving grace.
I'm falling down on my face,
Covered by the saving grace.
Saving grace
You are my saving grace.
Jesus, You took my place,
And now I live by saving grace..

And when they ask me,
"Who are you to stand and look so strong?"
I'll smile, and tell them
It's you I'm standing on.[2]

Rettende Gnade

Stark wollte ich sein, ein Kind, an dem du dich freuen kannst
Bekannt wollte ich sein und blieb doch meist allein
Habe meine Ängste und Fragen verborgen,
wollte sie dir nicht offenbaren
Habe mich gesehnt nach deiner Liebe und Freundlichkeit
Und stets gefürchtet, dass du zu viel von mir verlangst.

Dein Herz wollte ich gewinnen, habe versucht,
meinen Part zu erfüllen
Du solltest sehen, dass du dich stets auf mich
verlassen kannst
Aber ich habe nicht durchgehalten, bin vor dir
zusammengebrochen
Und war voll und ganz auf deine Gnade angewiesen.

Rettende Gnade
Du bist meine Rettung
Ich werfe mich vor dir zu Boden
Lasse mich einhüllen von rettender Gnade
Rettende Gnade
Du bist meine Rettung
Jesus, du hast meinen Platz eingenommen
Und von nun an lebe ich von rettender Gnade.

Und wenn sie mich fragen
„Wie kannst du so verwegen hier stehen?“
Dann kann ich ihnen lächelnd sagen
Dass ich durch deinen Halt hier so stehe.

AUS DEM ALBUM BLUE WATERS

Der nächste Morgen

Deck the halls with boughs of holly
And fourteen Christmas trees,
And twenty-eight wreaths,
And a silver cat,
And more angels than we are promised
for the Second Coming of Christ.[3]

Schmückt die Räume mit Stechpalmzweigen
und vierzehn Christbäumen
und achtundzwanzig Adventskränzen
und einer silbergrauen Katze
und mit annähernd so vielen Engeln,
wie wir bei der Wiederkunft Jesu Christi erwarten dürfen

Doch durch Gottes Gnade bin ich, was ich bin.
1. Korinther 15,10 (EÜ)

Ich erwachte gegen sieben Uhr früh. Ich blieb noch etwas liegen und fragte mich, ob Barry wohl schon wach – und ob das Badezimmer frei wäre. Schließlich warf ich mir einen Morgenmantel über den Pyjama und ging in Richtung Küche, neugierig, ob sonst schon jemand auf war. William und Eleanor saßen am Esstisch.

„Guten Morgen, Prinzessin", sagte William. „Was darf man dir zum Frühstück anbieten?"

„N'Morgen … – Kaffee, das würde schon reichen."

„Kaffee?", fragte William. „Was für 'ne Art Frühstück soll das sein?"

Allemal ausreichend, wenn man immer noch vier Pfund frittiertes Hühnchen zu verdauen hat, dachte ich.

Bald tauchte er wieder auf mit einer Schale frischer Pfirsiche, mit Schinken und Toast.

„Barry hat uns erzählt, dass du in einer psychiatrischen Klinik warst", sagte Eleanor.

Fast wäre ich an meinen Pfirsichen erstickt. Ich brauchte einen Moment, bis ich wieder Worte fand, und dann gab ich zur Antwort: „Das ist schon richtig. Ich war 1992 für einige Zeit in stationärer Behandlung wegen schwerer Depressionen." Ich fixierte Eleanor mit den Augen und versicherte ihr: „Aber inzwischen geht es mir wieder viel besser, ehrlich!" Pfirsichsaft tropfte mir vom Kinn.

„Ist Barry schon auf?", fragte ich und machte mir zugleich einen geistigen Denkzettel: Der nächste Tritt vors Schienbein war fällig.

„Er wird wohl kaum vor dem Mittagessen aufstehen", meinte Willliam. „Hast du schon mit meinem anderen Baby Bekanntschaft gemacht?" Er nahm die silbergraue Katze auf, die in die Küche spaziert war. „Das ist Cinder." Dabei schaute er die Katze an mit dem bewundernden Blick einer stolzen Mutter.

„Sie ist wunderschön … Wie alt ist sie?"

„Einundzwanzig Jahre! … Sie ist früher immer zu Barry ins Bett gekommen und hat ihm die Füße gewärmt."

„Das hat er mir nie erzählt", sagte ich lächelnd.

„Ich bin sicher, dass es da noch einiges gibt, von dem du nichts weißt", ergänzte Eleanor.

„Oh … damit hast du sicher Recht", sagte ich und fragte mich zugleich, was um alles in der Welt sie wohl meinte – aber das würde sie mir bestimmt noch erzählen. „Ich denke, das beruht auf Gegenseitigkeit", gab ich zurück und hätte mich im selben Moment in den Hintern beißen können. War es nicht bereits amtlich, dass bei mir eine Schraube locker war? Was musste ich ihnen weitere Munition liefern?

Dann verkündete Eleanor die Tagesordnung. „Wenn Barry aufsteht, können wir die Weihnachtsdekoration komplettieren."

Noch mehr davon?, dachte ich und war gleich darauf froh, dass ich es nicht laut ausgesprochen hatte. Ich hatte noch nie einen so üppigen Weihnachtsschmuck gesehen.

Drei Sängerknaben aus Pappmaché standen am Kamin. Sie waren so muskulös, als hätten sie Anabolika geschluckt. In jedes Fenster hatte Eleanor einen Kranz gehängt mit einer großen roten Samtschleife – insgesamt bestimmt zwanzig Kränze, wenn nicht mehr. Überall im Haus hingen dicke Girlanden – man hätte damit den Grand Canyon überspannen können. Auf jedem Tisch standen, von jeder Decke hingen mit Sprühlack bemalte Engel (vielleicht nicht ganz so viele wie bei der Wiederkunft Christi, aber fast).

Ich war eine derart opulente Weihnachtsdekoration nicht gewöhnt. Meiner eigenen Mutter liegt das nicht so sehr; ich erinnere mich schmerzlich an ein Weihnachtsfest, das sie schlicht vergessen hat. Im Dezember 1959 lag mein Vater im Krankenhaus auf der Intensivstation, und jeden Abend, wenn meine Mutter sich nach Hause schleppte, empfand sie die Weihnachtsbeleuchtung und die Girlanden wie einen Hohn auf ihre verfahrene Lage.

Schließlich tauchte Barry auf. „Wie lange bist du schon wach?", fragte er.

„Oh – etwa vier Tage."

Nachdem er endlich gefrühstückt hatte, machten wir uns alle auf zum weihnachtlichen Einkaufsbummel. Ich kann mich nur verschwommen daran erinnern. William, als erprobter Veteran in diesen Dingen, hatte es vorgezogen, im Auto zu bleiben. Ich dagegen, naiv wie ich war, versuchte mit Barry und Eleanor Schritt zu halten. Es ist unmöglich, alles aufzuzählen, was die beiden gekauft haben. Tatsache ist: An diesem Abend nahm ich zwei Schlaftabletten und wurde trotzdem in der Nacht von Albträumen heimgesucht, in denen mich Horden goldglänzender, sprühlackbemalter Engel verfolgten und mit Lametta zu fesseln versuchten.

Es hat Jahre gedauert, bis ich diesen Schock überwunden hatte.

Das Gespräch

Mit lauter Stimme schreie ich zum Herrn,
laut flehe ich zum Herrn um Gnade.

PSALM 142,1 (EÜ)

Es war unser letzter Morgen in Charleston. Die Koffer waren gepackt und standen an der Tür. Barry schlief noch. Hätte mich das überraschen sollen?

Eleanor, William und ich saßen am Frühstückstisch. William hatte sich in die Zeitung vertieft. Eleanor und ich freuten uns an einer Tasse Kaffee.

„Da gibt es noch was, das muss ich dir sagen, Sheila", sagte sie.

Jetzt kommt's!, dachte ich. Meine Gedanken rasten. Was für ein Geheimnis würde sie mir enthüllen? War Barry ursprünglich als Mädchen zur Welt gekommen und umoperiert worden? War er ein Adoptivkind und der einzig rechtmäßige britische Thronfolger? Hatte er nur noch zwei Wochen zu leben?

„Barry hat nicht immer ein sittsames christliches Leben geführt", begann Eleanor. „Als er im College war, hat er ein paar Sachen angestellt, die hätte er besser nicht getan … Ich weiß, dass er Bier getrunken hat! Und möglicherweise war er auch ein bisschen zu nett zu einem der Mädchen – wenn du verstehst, was ich meine."

Sie hat ihn keine Sekunde aus den Augen gelassen, dachte ich.

Bis sie das komplette Sündenregister in aller Unschuld vorgetragen hatte, war mehr als eine Stunde vergangen. Dabei hatte sie mir nichts offenbart, was ich nicht schon von Barry selbst erfahren hatte.

„Woher weißt du das alles?", fragte ich. „Hat Barry es dir erzählt?"

„Nein … Wenn er zu Hause war, habe ich seine Telefongespräche mitgehört."

Fast hätte ich mich am Kaffee verschluckt. Ich sackte auf

meinem Stuhl zusammen. Während der ganzen Stunde hatte ich kein Wort gesagt. William hatte sich ebenfalls nicht vernehmen lassen. Ich wandte mich ihm zu. „Und was sagst du dazu, Pop?"

„Hier … schau dir an, was Cinder macht!"

Diese Antwort verblüffte mich. Wo war denn die Katze? Sie saß auf einem Stuhl und blickte aus dem Fenster. Das war alles. Sie jonglierte nicht, sie spielte nicht Klavier, sie saß einfach da, wie das Katzen so tun.

„Das ist mal wieder typisch für dich, William", sagte Eleanor, schnappte sich die Kaffeetassen und verschwand in der Küche, offensichtlich enttäuscht. Enttäuscht von mir, weil mich Barrys College-Eskapaden nicht schockiert hatten. Enttäuscht von William, weil der einfach nur nach der Katze sah, sobald es irgendwo im Haus brenzlig wurde. Ich würde dieses Verhalten noch öfter an ihm beobachten.

Später, als Barry und ich wieder auf dem Heimflug nach Kalifornien waren, dachte ich an Eleanors Worte. „Ich glaube, deine Mutter wollte mir Angst einjagen – Angst vor dir", sagte ich zu Barry.

„Tatsächlich!", meinte er. „Und – ist es ihr gelungen?"

„Keine Chance!"

Nicht vergessen: Schick William ein Geschenk für die Katze.

Die Suche nach dem Ring

A token of our endless love
A gift of sacrifice,
A stab to someone else's heart
A stealing of her prize.

Ein Zeichen unserer ewigen Liebe
Ein Geschenk, ein Opfer
Ein Dolchstoß in jemandes Herz
Ein Raub an ihrem kostbarsten Gut

Im April 1994 kam Barry wieder nach Charleston auf Besuch bei seinen Eltern. Ich hatte keine Ahnung von dieser folgenschweren Begegnung, bis mir Barry nach unserer Verlobung davon erzählte. Als Barry dort gewesen war, hatte er seinen Eltern erzählt, dass er einen Verlobungsring für mich aussuchen wollte.

„Ich möchte mitkommen, Barry", hatte Eleanor gesagt.

„Eigentlich wollte ich das gern alleine machen, Mom."

„Es geht schließlich um eine Menge Geld, mein Herz ... Ich komme mit."

Widerwillig hatte Barry sich darauf eingelassen, und bald schon standen sie in einem feinen Juweliergeschäft in Charleston.

„Können Sie mir bitte Verlobungsringe zeigen?", fragte Barry den Juwelier, der sie im Laden willkommen geheißen hatte. Nun zog er ein Tableau mit Diamantringen nach dem anderen aus einer gläsernen Vitrine.

Barry schaute sich jedes Tableau sorgfältig an, wählte ein paar Ringe aus und hielt sie einen nach dem anderen gegen das Licht. Schließlich sagte er: „Der hier gefällt mir. Was soll er kosten?"

Der Juwelier nannte ihm den Preis.

„Das ist lächerlich", sagte Eleanor.

„Es ist ein schöner Stein, Madam", gab der Juwelier zurück.

Eleanor wandte sich zu ihrem Sohn und fixierte ihn mit den Augen. „Nun, dann musst du dir von ihr etwas Schriftliches geben lassen."

„Wie meinst du das, Mom?"

„Sie muss es dir schriftlich geben, dass du den Ring zurückbekommst, wenn sie es sich doch noch anders überlegt mit der Hochzeit."

Barry empfand das als tiefe Beleidigung, zumal vor dem Juwelier, und verließ sofort das Geschäft – Eleanor folgte ihm demütig. Nachdem sie wieder zu Hause waren, hielt er ihr vor, wie verletzend ihre Worte gewesen waren.

„Ich wollte dich doch nur schützen", sagte sie. „Ich glaube nicht, dass man heutzutage noch irgendjemandem vertrauen kann."

Ich kann mir lebhaft vorstellen, dass Eleanor nach diesem Wortwechsel lange dasaß und in Gedanken wieder und wieder die Fragen bewegt hat: *Wird sie ihn genügend lieben? Wird sie ihm nicht wehtun? Wird sie mich ausschließen?*

Es muss eine kalte Nacht gewesen sein in Charleston.

Der Ring

Ich danke Gott jederzeit euretwegen für die Gnade Gottes, die euch in Christus Jesus geschenkt wurde.

1. Korinther 1,4 (EÜ)

Wir waren auf dem Weg zu unserem Lieblingsrestaurant, einer italienischen Trattoria in Laguna Beach. Als wir den Pacific Coast Highway entlangfuhren, begann ich mir Sorgen um Barry zu machen. Seine Handflächen waren feucht. Er war bleich und wirkte zerstreut. Ich hatte keine Ahnung, dass er mir an diesem Abend einen Antrag machen wollte.

„Schatz, wenn du heute doch lieber nicht auswärts essen gehen willst – ich hätte kein Problem damit", sagte ich.

„Nein! Nein, mir geht's gut … wirklich. Wirklich, es ist alles in Ordnung."

„Nun, du siehst aber nicht gut aus", gab ich zur Antwort. „Könnte es sein, dass du dir die Grippe gefangen hast?"

Laguna Beach ist ein Touristenmagnet. Die engen Straßen sind stets mit Autos verstopft, dasselbe gilt für die wenigen Parkplätze. Schließlich fanden wir doch einen freien Fleck für unser Auto und gingen rüber zum Restaurant. Dort hatten sich bereits eine ganze Reihe Leute im Eingangsbereich versammelt in der Hoffnung, irgendwann einen Tisch zu ergattern.

„Was meinst du, sollen wir es woanders versuchen?", fragte ich. Aber da drängte sich auch schon ein Ober durch die Menge, begrüßte uns und führte uns zu einem großen Tisch. Ich war immer noch völlig ahnungslos. Mit Barry schien es immer schlimmer zu werden. Der Ober händigte uns die Speisekarten aus. Ich klappte meine auf. Irgendwas stimmte nicht. Ich konnte nirgendwo Huhn finden. Dann las ich es:

„Ich liebe dich von ganzem Herzen. Willst du mich heiraten?"

Erst da merkte ich, dass alle im Raum gespannt auf uns blickten.

„Aber ja!", sagte ich verblüfft. Es war so unwirklich.

Dann kam aus der Küche ein Team von Fernsehkollegen mit jeder Menge Scheinwerfer, im Schlepptau einige unserer besten Freunde. Eine bizarre Situation! Barry zauberte den schönsten Ring hervor, den ich je gesehen hatte, und er passte. Mir war schwindlig, fast hätte ich mich übergeben – zum Glück nur fast. Der ganze Abend war ein turbulenter Reigen aus Glück und Gelächter und großer Erwartung und Freudentränen.

Und Barry sah auf einmal ganz gesund aus.

Am nächsten Morgen rief ich meine Mutter in Schottland an. Sie freute sich ungemein für mich. Dann telefonierten wir mit Barrys Mom und Dad. Sie waren glücklich. Ich ging mit dem Telefon in ein anderes Zimmer, sodass ich ungestört mit seiner Mutter reden konnte. „Eleanor, ich werde dir nie den Platz streitig machen. Du bist und bleibst Barrys Mom. Ich möchte, dass wir Freunde sind, und das funktioniert nur auf Gegenseitigkeit."

„Das möchte ich auch", sagte sie.

Ich wusste, dass sie es auch so meinte. Und ich wusste, dass es kompliziert werden würde.

Hochzeitsvorbereitungen

Zu dir, Herr, rief ich um Hilfe, ich flehte meinen Herrn um Gnade an.

PSALM 30,9 (EÜ)

(… und wie ich um Gnade gebettelt habe!)

Die Familien Pfaehler und Walsh kamen erstmals zusammen an einem Tag im August 1994 in meinem Appartement in Laguna Niguel, Kalifornien. Meine Mutter Betty Walsh war bei mir einquartiert, und William und Eleanor bei Barry. Wir wollten die Hochzeit planen.

„Lass es uns bescheiden halten. Mehr will ich gar nicht. Eine kleine, feine Hochzeit“, sagte ich.

Die meisten meiner Zuhörer waren anderer Meinung. Eleanor und Barry zum Beispiel. Und William überlegte sich ernsthaft, wie sich wohl die Katze im Smoking machen würde. Nur meine Mutter unterstützte mich erwartungsgemäß.

„Ich will nur vermeiden, dass wir einen kostspieligen Wirbel veranstalten für eine Horde von Leuten, die wir kaum kennen“, sagte ich.

Barry beugte sich vor auf seinem Stuhl und begann seine Rede. „Ich habe mein ganzes Leben auf dieses Ereignis gewartet. Und ich möchte es eigentlich nur einmal erleben. Ich will die perfekte Feier.“

Eleanor ergänzte: „Ich habe nur dieses eine Kind. Willst du mir die Hochzeit verweigern, von der ich geträumt habe, seit Barry geboren wurde?“

Ich flüchtete ins Badezimmer und brach in Tränen aus in der Hoffnung, das würde helfen. Es half nicht. Wir trafen uns erst am nächsten Tag wieder. Dieselbe Wohnung. Dieselben Menschen, dieselben Meinungen.

„Na gut!“, sagte ich. „Hier ist mein Angebot. Ich will keine große Feier.“ Ich sah Barry in die Augen. „Aber du. Und das kann dir niemand verwehren. Du sollst deine Feier haben. Aber versteh bitte, dass ich nicht wie ein kopfloses Huhn herumrennen werde. Wenn du die große Ausgabe haben willst, dann musst du es alleine organisieren. Ich werde dir nicht helfen. Ich werde dir freudestrahlend dabei zusehen – mehr nicht.“

„Klingt großartig!“, sagte Barry.

„Absolut!“, kam das Echo von Eleanor.

Unglücklicherweise dachte sie, ich würde meine Meinung ändern, je näher der Termin kommen würde. Falsch gedacht.

Die Tage vor dem großen Tag

Chestnuts roasting on an open fire,
Vessels bursting on your nose
Tempers are frayed like the edge of a quilt,
And blood is boiling to your toes.

Kastanien rösten über offenem Feuer,
Äderchen platzen auf der Nase
Nerven, dünn wie Fransen an einer Decke
Blut kurz vor dem Siedepunkt.

Du aber, Herr, sei mir gnädig; richte mich auf,
damit ich ihnen vergelten kann.

PSALM 41,11 (EÜ)

Zwei Tage vor der Hochzeit saßen Barry und seine Mutter in Emily Schroeders Geschäft an der Schnellstraße an zwei langen Tischen, die mit Blattgrün und Blumen und Bändern übersät waren. (Emily war eine Freundin, die ein ausgesprochenes Händchen für Pflanzen hatte.) Eleanor hatte Stecknadeln zwischen den Lippen und band gerade große Schleifen für die Blumenarrangements bei der Test-Feier und beim Empfang. „Ich kann es einfach nicht glauben, dass sie sich mit ihrer Familie die Zeit vertreibt, während ich mich hier um all diese Blumengestecke kümmern muss", zischte Eleanor aus den Mundwinkeln, bemüht, die Stecknadeln nicht fallen zu lassen.

„Aber das hat sie dir doch gesagt, Mom, dass sie für eine große Feier nichts organisieren wird", sagte Barry im Bemühen, den Blutdruck seiner Mutter auf ein erträgliches Niveau zu senken.

„Ich hätte nie gedacht, dass sie das wörtlich meint. Das ist doch lächerlich!"

„Komm schon, Mom. Die große Feier haben *wir* gewollt."

„Und ich hatte gehofft, sie würde es auch wollen."

Eleanor begann zu weinen. Sie machte sich so viel Mühe, und es sah für sie so aus, als hätte niemand davon Notiz genommen.

Die Hauptprobe

For what we are about to receive
May God have mercy on us all.

In allem, was wir empfangen haben,
möge Gott uns seine Gnade gewähren.

Ich war noch nie zuvor bei einer Testfeier gewesen. Das ist eine amerikanische Tradition. In Schottland trifft man sich eben am Hochzeitstag – und hofft das Beste. Normalerweise funktioniert es auch. Ich weiß aber, nebenbei bemerkt, zumindest von einer Gelegenheit, bei der es schief ging.

Meine Schwester Frances heiratete in der Ayr Baptist Church, unserer Heimatgemeinde. Sie war eine schöne Braut, und die Trauung war eine erhebende Zeremonie. Am Ende des Gottesdienstes wollte ein Mann (ein ehemaliges Gemeindeglied), der mittlerweile umgezogen war, mal eben die Kirche verlassen, um beim Auszug des Brautpaares Fotos machen zu können. Er steuerte zielstrebig eine Tür an, die früher aus dem Altarraum direkt ins Freie geführt hatte, und schloss die Tür leise hinter sich. Nur war seit seinem Umzug angebaut worden, und die Tür mündete jetzt in eine Besenkammer.

Wir anderen wussten das natürlich. Jeder sah ihn reingehen. Einige erwarteten das Schlimmste. Andere (die das Charisma der Barmherzigkeit hatten!) brachen in haltloses Gelächter aus. Schließlich tauchte der Fotograf wieder auf – etwas staubiger als zuvor.

Testfeiern haben es offenbar an sich, dass sie das Schlimmste in einem Menschen zu Tage fördern. Das liegt meiner Vermutung nach an den Nerven. Am 2. Dezember 1994 versammelten wir uns alle in der lutherischen St. Matthews-Kirche für den Probedurchlauf des Gottesdienstes. Die Brautjungfern waren da, die Begleiter des Bräutigams, Barrys Familie, meine Familie und die beiden Pastoren, die die Trauung vollziehen sollten. Frances, meine Schwester, sollte das Lied proben, das sie am nächsten Tag vortragen wollte. Die ganze Sache zog sich in die Länge – zu lang für ihre beiden kleinen Söhne, die um den Altar herum Fangen spielten.

Das brachte Barry zur Explosion. „Ihr könnt hier nicht rumrennen", bellte er. „Das ist ein würdevoller Ort!"

Jetzt platzte auch mir der Kragen. „Hat nicht Jesus gesagt: ‚Lasst die Kinder zu mir kommen'?"

„Das ist ja wohl das Dümmste, was ich je von dir gehört habe", gab Barry zurück.

„Nenn mich nicht dumm, schon gar nicht vor meiner Familie!"

„Meinetwegen können sie ja rausgehen!"

Und das taten sie dann auch, kurz danach. Alle verließen die Kirche und machten sich auf den Weg zum Charleston Country Club, wo das Abendessen stattfinden sollte. Ich setzte mich zu Barry in den Wagen. Die Fahrt verlief schweigend. Als wir am Ziel waren, wollte er nicht reingehen.

„Du musst mit rein", sagte ich. „Alle warten auf uns. Deine Eltern haben für dieses Dinner bezahlt … Deine Mutter wird dich umbringen!"

Wir saßen einige Augenblicke wortlos da.

Dann drehte sich Barry zu mir um und legte seinen Arm um meine Schulter. „Weißt du was", sagte er, „es ist mir völlig egal, was irgendjemand von uns erwartet oder verlangt. Ich möchte nur, dass wir glücklich sind."

Wir küssten uns. Und natürlich sind wir reingegangen.

Das Essen war großartig. Dann kamen die Reden. Oberpeinlich!

William hielt eine kurze, bewegende kleine Rede. Dann war es an meinem Bruder, für meine Familie zu sprechen. Er war erst halb aufgestanden, als Eleanor das Wort ergriff.

„Nun!", sagte sie. „Ich würde das, was William gerade abgeliefert hat, keine Rede nennen. Es gibt eine Menge mehr zu sagen."

Barry und ich machten uns auf unseren Stühlen immer kleiner.

Eleanors Rede dauerte eine geschlagene Dreiviertelstunde. Sie erzählte allen alles. Sie breitete sich aus über unsere Streitereien, über ihre Befürchtungen, dass das mit uns niemals klappen würde. Dann erzählte sie, wie traurig sie einige Jahre früher gewesen war nach einer Herzattacke. „Ich habe damals gedacht, ich würde es nicht mehr erleben, dass Barry einmal Familie hat", sagte sie.

Weiter ging's. Sie berichtete, wie Barry und ich sie einmal aus Schottland angerufen hatten. Als die Telefonistin sie gefragt hatte, ob sie einen Anruf aus dem Vereinigten Königreich annehmen wolle, hatte sie irrtümlich das „Magische" Königreich verstanden und uns in Disneyland vermutet! Die Versammlung begann zu lachen. Das interpretierte Eleanor als Aufforderung, mehr zu liefern. Ihre Rede dauerte und dauerte. Einige der Zuhörer verrenkten sich äußerst unnatürlich, so sehr mussten sie lachen. Eleanor hatte den Auftritt ihres Lebens. Und sie ließ nichts aus – noch nicht einmal die Aufzählung der Mühen, die sie der Blumenschmuck auf den Tischen gekostet hatte. Sie war die Sensation des Abends.

Nach dem Essen fuhren wir auf einen Kaffee zum Haus der Pfaehlers.

„Wirst du mir morgen früh beim Blumenschmuck helfen?", fragte mich Eleanor.

„Geht nicht, Mom", sagte ich. „Ich habe Termine beim Friseur und bei der Stylistin."

„Und wer soll dann den drei Meter hohen Christbaum schmücken und die vierzehn kleinen Bäumchen?", meinte sie bedauernd.

Ich war sprachlos. Ich dachte: *Warum kann ich mich nicht in Luft auflösen, bis alles vorbei ist?*

Der große Tag: 3. Dezember 1994

A fine romance, do we take a chance?
The Father set His heart upon a fine romance.

Eine Liebesgeschichte – nehmen wir unsere Chance wahr?
Der Vater hat sein ganzes Herz in diese Romanze investiert.

Gnade sei mit euch und Friede von Gott, unserem Vater, und dem Herrn Jesus Christus.

EPHESER 1,2 (L)

Samstag, der 3. Dezember – ein wunderbarer Tag. Als ich aufwachte, durchflutete die Sonne mein Zimmer im Meeting Street Gasthaus in Charleston. Am Abend würden in diesem luxuriösen Schlafzimmer unsere Flitterwochen beginnen.

Ich schaute zum Schrank hin, wo mein Hochzeitskleid hing. Es war so schön! Ich würde mich darin wie eine Prinzessin fühlen, das wusste ich, und ich war überglücklich.

Nach dem Duschen zog ich Jeans und Sweatshirt an und ging erst einmal spazieren. Die Hochzeitszeremonie sollte erst nachmittags um vier beginnen, so blieb mir Zeit, etwas Luft zu schnappen.

Gegen Mittag traf ich mich mit meiner Mutter und mit Frances im Schönheitssalon. Wir bekamen alle eine festliche Frisur verpasst und das zugehörige Make-up. Meine Mutter schminkt sich normalerweise nicht viel – etwas Tagescreme, Puder, ein Hauch Rouge. Sie benutzt noch nicht einmal Lippenstift oder Lidschatten. Ich sagte der Kosmetikerin, sie solle mal richtig zeigen, was sie kann. Das Ergebnis war wundervoll.

Die Limousine für mich kam um halb vier. Ich hatte mein Hochzeitskleid in einem Kleidersack dabei und wollte mich erst im Gemeindehaus umziehen. Als das Auto dann vor der St. Matthews Kirche hielt, hatte ich ganz schön zu kämpfen mit all den Taschen und dem großen Kleidersack. Da sah ich Eleanor. Sie starrte mich mit einem befremdeten, verwirrten Gesichtsausdruck an. Dann begriff sie, wie schwierig es für mich war, ein ausladendes Dornröschen-Hochzeitskleid und all die anderen Taschen auf einmal zu tragen. Sie kam zu mir rüber, hielt plötzlich inne und sagte: „Oh nein, ich kann nicht. Ich bin ja ein Zombie." Sprach's und verschwand in der Kirche.

Ich hatte keine Ahnung, was sie gemeint hatte. Der Chauffeur half mir, die Sachen reinzutragen, und dann bat ich ihn, nachzusehen, ob er meiner angehenden Schwiegermutter helfen könnte.

Die Brautjungfern und ich, wir hatten unseren Spaß, als wir uns ankleideten. Meine Brautführerin Nancy Goudie war meine beste Freundin, seit ich sechzehn war. Sie war nur für die Hochzeit aus England hierher geflogen. Ich hatte vier Brautjungfern und zwei süße, blonde Zwillinge als Blumenmädchen. Wir lachten und redeten unentwegt, als wir uns gegenseitig den Haarschmuck richteten. Dann taumelte Eleanor durch die Tür des Ankleidezimmers wie die Überlebende eines Zugunglücks.

„Mom, was ist mit dir?", fragte ich, als sie auf einem Stuhl niedersank.

„Es ist eine einzige Katastrophe", sagte sie. „Alles geht schief! Es wird ein Desaster!"

„Was geht schief?", fragte ich zurück und reichte Eleanor ein Glas Wasser.

„Dein Schwiegervater hat keine passende Fliege!"

Ich musste mir ein Lachen verkneifen. Sie hatte so hart gearbeitet, hatte sich so angestrengt, damit das der perfekte Festtag werden sollte, den sie sich immer ausgemalt hatte, und dann hatte der Herrenausstatter ausgerechnet Pops Fliege vergessen. Das erschien Eleanor offenbar als schlimmes Omen.

„Mom, das macht doch nichts. Jemand kann ihm eine Fliege leihen. Es ist alles in Ordnung. Es gibt keine schlechten Vorzeichen, es gibt höchstens ruinierte Frisuren … Gott ist da. Es wird alles gut gehen."

Wir alle bemühten uns, sie zu beruhigen.

Dann war es so weit. Meine Gedanken wanderten zu meinem Vater. Er war gestorben, als ich vier Jahre alt war, aber in Momenten wie diesem vermisste ich ihn so sehr, als wäre sein Tod erst eine Woche her. Zum Glück gab es ja noch Stephen, meinen Bruder. Er war jetzt gerade so alt wie mein Vater, als er starb. Ich empfand es als Geschenk, dass er jetzt hier war. So habe ich Stephen stets betrachtet: als Geschenk.

Klänge aus meiner Heimat erfüllten die Luft. Ein einsamer Dudelsackpfeifer schritt voraus und geleitete die Mütter durchs Kirchenschiff zu ihren Plätzen. Dabei spielte er die Lieblingsmelodie meiner Mutter. Dann war ich an der Reihe. Als ich auf Barry zuging am Arm meines Bruders, hätte ich hüpfen können. Ich wäre auch gerannt, so glücklich war ich.

Es gehörte zur Feier, dass Barry und ich uns die Eucharistie reichten. Er war ziemlich aufgeregt neben mir und wünschte sich, es wäre schon vorbei. Schließlich schritten wir zusammen zum Kirchenportal als Herr und Frau Barry Pfaehler, und dann fuhren wir zum Empfang in der Charleston Society Hall. Ein Traum. Ein Anfang. Ein wunderbarer Anfang – das war alles, was ich denken konnte.

Wir hatten eine Tanzkapelle bestellt, aber die hatte irrtümlich zwei Buchungen angenommen und hatte deshalb Ersatz geschickt. Die Musiker waren grottenschlecht – es war zum Schießen. Das Toupet des Trompeters sah eher aus wie ein Stück Katzenfell, und seine Brille wurde von einem Haushaltsgummi zusammengehalten.

Dem Fotografen sagte ich: „Es ist mir egal, wie viele Fotos Sie von Barry und mir machen. Aber machen Sie bitte genügend von dem Trompeter!"

Barry und ich waren so damit beschäftigt, uns mit den Gästen zu unterhalten, dass wir kaum zum Essen kamen. Deshalb bot uns der Küchenchef an, uns einen Korb zu packen, den wir ins Hotel mitnehmen könnten. Als wir dann die Gesellschaft verlassen wollten, fragten wir nach dem Korb. Er musste uns gestehen, dass jemand unseren Korb angezündet hatte. Unser Abendessen war also verbrannt – und ansonsten war das Buffet restlos geplündert!

Damit nicht genug. Der Chauffeur der Limousine hatte sich betrunken und war verschwunden. Barry und ich standen abmarschbereit da, winkten den anderen zum Abschied und überlegten dann, wie wir zum Hotel kämen. Da ergriff William die Gelegenheit. „Ich werde euch fahren!"

Die ganze Strecke bis zum Hotel lachten wir in einem fort.

Am nächsten Morgen fragte ich Barry nach der Limousine. „Kam dir das nicht auch etwas seltsam vor? Du weißt schon: Der Fahrer hat mich angesehen, als ob er mir kondolieren wollte."

Barry musste grinsen. „Mein Vater hat ein Schnäppchen gemacht."

„Was soll das heißen – ein Schnäppchen?"

„Er hat die Limousine von einem Freund ausgeliehen, und dem gehört das Beerdigungsinstitut Stuhr's!"

Wir lachten, bis uns die Tränen kamen.

Sonett

Let me not the marriage of true minds
Admit impediments: love is not love
Which alters when it alteration finds,
Or bends with the romover to remove.
Oh no! It is an ever-fixèd mark,
That looks on tempests and is never shaken;
It is the star to every wandering bark,
Whose's worth unknown, although his height be taken.
Love's not Time's fool, though rosy lips and cheeks
Within his bending sickle's compass come;
Love alters not with brief hours and weeks,
But bears it out even to the edge of doom.
If this be error and upon me proved,
I never writ, nor no man ever loved.

William Shakespeare[4]

Sprecht nicht, wo treue Geister eng verschlungen,
Von Hindernissen, denn das ist nicht Lieb',
Die sich verändert durch Veränderungen,
Und die getrieben wird durch äußren Trieb.
O nein, sie ist der ewig feste Turm,
Der jeder Barke leuchtet durch die Nacht,
Der unzerstörbar steht in jedem Sturm,
Erreichbar seine Höh, unmessbar seine Macht.
Und Lieb' ist nimmermehr der Narr der Zeit,
Trifft rosige Wangen selbst der Sichel Schlag,
Lieb' wechselt nicht mit Stund' und Woche, weit
Reicht ihre Kraft bis zu dem letzten Tag.
Wenn durch mich selbst sich dies als falsch ergibt,
Dann löscht dies aus, dann hat kein Mann geliebt.[5]

Das erste Jahr

Darum wird ein Mann seinen Vater und seine Mutter verlassen und seiner Frau anhängen, und sie werden zu einem Fleisch werden.*

1. MOSE 2,24 (RE)

*(*Immer vorausgesetzt, auch die Eltern kennen diesen Vers!)*

Wir bezogen unsere erste gemeinsame Wohnung in Nashville, Tennessee, wo auch einige unserer besten Freunde leben. Und Barry hielt den Kontakt zu seinen Eltern durch regelmäßige Telefonate aufrecht.

„Was soll das heißen: jeden Tag?“, fragte ich eine Woche nach der Hochzeit. „Wer ruft seine Eltern jeden Tag an?“

„Schatz, beruhige dich“, sagte Barry. „So haben wir es bisher immer gehalten. Aber jetzt können wir das ja ändern. Du sollst dich jedenfalls nicht aufregen müssen. Ist schon gut.“

Ich muss zugeben, ich neige zum Überreagieren. Ich habe das immer wieder einmal als besondere geistliche Gabe zu sehen versucht, aber das gelingt mir zugegebenermaßen nicht so ganz.

Dann, nur ein paar Tage später, fuhren Eleanor und William die zehn Stunden von Charleston nach Nashville, um das Weihnachtsfest mit uns zu erleben. Ich war nicht wirklich froh darüber. Ich hätte das Fest lieber allein mit Barry verbracht. Schließlich waren wir erst seit drei Wochen verheiratet! Dann musste ich daran denken, wie viel Mühe sich Eleanor gemacht hatte, damit unsere Hochzeit gelingen konnte. Ich sagte mir: „Wozu ist Weihnachten da? Doch sicher dazu, dass man sich mit den Menschen trifft, die man liebt, und mit ihnen zusammen das große Geschenk empfängt – Jesus Christus.“

Schließlich stopfte ich einen ganzen Obstkuchen in mich hinein und beschloss, die Sache zu genießen.

Die Pfaehlers trafen ein, und William begann das Auto zu entladen. Komplette Schinkenseiten, kistenweise Konserven, mehrere Kilo Orangen und genug Toilettenpapier, um eine nationale Ruhrepidemie zu überstehen – all das wanderte aus dem Kofferraum in unser Haus. Ich fragte Barry: „Was weiß dein Vater, was wir nicht wissen?“

„So ist Dad nun mal“, meinte Barry seufzend. „Er kann kein Sonderangebot stehen lassen. Er fürchtet stets, die nächste Weltwirtschaftskrise könne jederzeit zuschlagen.

„Nun, für den Fall sind wir zweifellos versorgt.“

Am Weihnachtsabend entdeckte ich eine neue Seite an Eleanor: Sie kann richtig unterhaltsam sein! Und sie macht jeden Unfug mit. Wir beschlossen, nach Opryland zu fahren zur alljährlichen „Weihnachten im Park“-Feier. Es war bitterkalt. Eleanor trug ihren Pelzmantel, und der Rest von uns hüllte sich in Lammfelljacken, Hüte und Schals. Im Park gab es Weihnachtssänger in viktorianischen Kostümen, heißen Apfelwein und annähernd so viele Weihnachtslichter wie in Williams und Eleanors Haus. Aber nach etwa einer Stunde waren wir so durchgefroren, dass wir kaum noch sprechen konnten. Dann entdeckte ich das Karussell.

„Schau mal, Barry!“, rief ich. „Das Karussell ist in Betrieb. Das ist die Gelegenheit!“

„Hast du den Verstand verloren?“, meinte er. „Du wirst dich zu Tode frieren.“

„Bitte, bitte“, lamentierte ich wie ein vierjähriges Kind. Aber es schien nichts zu nützen. Bis mir Eleanor beisprang.

„Auf geht's! Das machen wir.“

Ich schaute sie verwundert an. „Hilf mir hinauf“, sagte sie.

Das ist eine meiner lebhaftesten Erinnerungen an Eleanor. Auf dem Karussell, auf einer Katze sitzend, und mit ihrem Pelzmantel scheint sie die Katze wärmen zu wollen.

Anschließend fuhren wir nach Hause und saßen am Kamin und sangen Weihnachtslieder.

Merke: Mit Eleanor kann man Pferde stehlen.

Es ist was unterwegs

Denn du hast mein Inneres geschaffen, mich gewoben
im Schoß meiner Mutter.
Ich danke dir, dass du mich so wunderbar gestaltet hast.
Ich weiß: Staunenswert sind deine Werke.
Als ich geformt wurde im Dunkeln, kunstvoll gewirkt in den Tiefen der Erde, waren meine Glieder dir nicht verborgen.
Deine Augen sahen, wie ich entstand, in deinem Buch war schon alles verzeichnet; meine Tage waren schon gebildet, als noch keiner von ihnen da war.

Psalm 139,13-16 (EÜ)

Es war Anfang März 1996 in unserem Haus in Laguna Niguel. Ich wischte gerade den Badezimmerschrank aus. Einige Zeit vorher hatte ich im Drogeriemarkt einen Sechserpack mit Schwangerschafts-Schnelltests gekauft, denn Barry und ich wollten gerne ein Kind. Eines von den Päckchen war noch übrig. Unsere Ärzte hielten es für fast ausgeschlossen, dass ich ein Kind empfangen könnte; das hatten sie uns eben erst eröffnet. Ich wollte das Testpäckchen schon ungeöffnet wegwerfen, überlegte dann aber: *Warum probierst du's nicht noch mal aus?*

Gedacht, getan. Die Schachtel mit dem Teststreifen ließ ich auf der Fensterbank liegen und ging mir eine Tasse Tee aufbrühen. Als ich ins Bad zurückkam, um weiterzuputzen, sah ich die Schachtel und nahm sie, um sie in den Müll zu werfen. Aus den Augenwinkeln bemerkte ich gerade noch etwas, das wie ein Pluszeichen aussah. Ich konnte es nicht glauben und dachte: *Vielleicht war die Packung schon über das Verfallsdatum hinaus.* Also ging ich in die nächste Drogerie und kaufte mir einen neuen Test. Diesmal ließ ich die Schachtel nicht aus den Augen – und da erschien es wieder, das kleine rote Kreuz.

Ich starrte ungläubig darauf. Mein erster Gedanke war: *Wann soll ich es Barry sagen? Soll ich ihn auf der Arbeit anrufen? Soll ich warten, bis er heimkommt?* Ich wusste, dass er sich unbändig freuen würde. *Wie wär's, wenn ich ihm die Nachricht beim Abendessen eröffne, sozusagen als Beilage zum Schweinekotelett?*

Dann hielt ich inne und sah in den Spiegel. Ich grinste von einem Ohr zum andern. *Ich werde Mutter. Ich bin schwanger! ... Aber – ich bin schon vierzig. Hilfe!*

Ich ertappte mich bei der Vorstellung, wie sie mir im Krankenhaus im achten Monat eine Epiduralanästhesie verpassen. Aber dann wischte ich den Gedanken beiseite. *Es wird gut gehen. Ich habe schon ganz andere Operationen überstanden.*

Später rief ich in Schottland an, um meine Gedanken mit meiner Schwester zu teilen. Aber ich weiß nicht, ob sie mir überhaupt zugehört hat. Sie schien sich vor Lachen auf dem Boden zu wälzen und stieß zwischendrin irgendwas hervor von wegen ich hätte keinen Schimmer.

Ich telefonierte mit Mama. Sie war ganz aus dem Häuschen. Dann riefen wir Eleanor und William an. Auch sie waren glücklich.

„Wir haben eine Menge schöne Namen in der Familie", sagte Eleanor.

Na großartig!, dachte ich. *Da kann ich ja nur hoffen, dass Jesus noch vor der Geburt wiederkommt.*

Dann kam die erste Ultraschall-Untersuchung.

„Möchten Sie das Geschlecht des Kindes wissen?", fragte die Krankenschwester.

„Ja!", riefen Barry und ich unisono.

„Es ist ein Junge!"

„Ein Junge! Ein Junge!!", riefen wir durcheinander.

Ich war aus zwei Gründen besonders gespannt. Ich war schon als Kind ein richtiger Wildfang. Mit einem Jungen würde es besonders aufregend werden. Wir konnten Fußball spielen und auf Bäume klettern, und ... ich würde mich nicht näher mit Eleanors Puppensammlung befassen müssen.

Was für pathetische Gedanken durch ein menschliches Herz jagen bei einer solchen Gelegenheit. Aber das war tatsächlich eins der ersten Dinge, an die ich dachte. Sie hatte mehr als 500

Puppen. Ich bin keine Puppenmama. Ich würde ersticken zwischen all den Puppen. Aber nun bekam ich einen Jungen! Halleluja!

Es war unglaublich. Ich war vierzig und erwartete mein erstes Kind!

Nun gab es wichtige Fragen zu klären. Wer sollte mir bei der Entbindung beistehen? Ich wollte niemanden dabeihaben außer Barry. (Ich konnte mir damals nicht vorstellen, dass ich – als es dann so weit war – notfalls auch die Hilfe vom Fahrer des Domino-Pizza-Service in Anspruch genommen hätte.)

Nächste große Frage. Wer sollte den ersten Besuch machen dürfen? Barry überließ es mir. Ich dachte an meine Mutter und rief in Schottland an, um es mit ihr zu besprechen. Sie änderte meine Meinung. „Das ist Eleanors und Williams einziges Enkelkind, Sheila. Ich habe bereits drei", sagte sie. „Das wird vermutlich das einzige Mal sein, dass sie so etwas erleben. Meinst du nicht, dass sie es als Geschenk empfinden, wenn sie es als Erste sehen?"

Ich war überzeugt. Als Nächstes rief ich Eleanor an und lud sie ein, nach der Geburt als Erste zu uns zu kommen. Sie weinte.

Nicht vergessen: Mama bekommt einen großen Blumenstrauß.

Niederkunft

Du bist der Schönste unter den Menschen,
Anmut ist ausgegossen über deine Lippen;
darum hat Gott dich für immer gesegnet.

PSALM 45,2 (EÜ)

Im Oktober 1996 war ich bei meiner Ärztin zur Schwangerschafts-Vorsorgeuntersuchung. Ich war im 8. Monat. Schon immer hatte ich es als seltsame Ironie empfunden, dass ihre Praxis in Newport Beach unweit von Fashion Island lag, das ist eine der nobelsten Einkaufsstraßen in Amerika. Nach jedem Arzttermin ging ich in diese Passage, setzte mich an den Brunnen und beobachtete, wie magere Frauen vorbeihuschten mit Einkaufstaschen voller Kleider, die mir auf keinen Fall passen würden.

Während der Untersuchung fragte mich die Ärztin: „An welchem Tag möchten Sie Ihr Baby bekommen?"

„Wie meinen Sie das? Ich dachte, den Tag bestimmt noch immer Gott?"

„Nicht unbedingt." Sie legte ihr Stethoskop auf den Tisch und lachte herzlich. „Wir können den Tag bestimmen. Hier mein Vorschlag: Am 20. Dezember fahre ich in Urlaub. Wie wäre es mit dem 13.?"

Ich war so perplex, dass ich nur sagte. „Klingt gut. Wie stellen Sie das an? Muss ich dann am zwölften eine Menge herumhüpfen?"

„Aber nein!", sagte sie. „Ich werde Ihnen was geben."

(Anmerkung für den Leser: keine gute Idee. Lassen Sie Gott die Arbeit machen – das klappt besser.)

Nun, sie hat mir tatsächlich etwas gegeben, und damit begann für mich ein hartes Stück Arbeit. *Die Schwangerschaftsgymnastik und die Atemübungen waren nicht so anstrengend*, dachte ich.

Es dauerte nicht weniger als dreizehn Stunden. Mir kam es vor wie eine Woche. Ich dachte, ich müsste sterben. Dann, am 13. Dezember 1996 um 5.20 Uhr morgens, war er endlich da. So winzig! So ein lautes Organ, grade wie seine Mutter. Ich war sprachlos. Er war vollkommen. Was für ein Wunder! Mein Liebling.

Lay your tiny golden head upon this pillow, dear.
There are angels watching over you.
And the Morning Star is in the heavens, Baby Blue.

Can you see the moon is shining in your room,
Tying silver ribbons in your hair?
May your sleep be sweet until the sun brings morning here.

And I never knew such a tender love
That could break my heart in two,
So I lie down gently now at Jesus' feet with you.

And I feel I'm lying on holy ground.
Such a gift from God, Baby Blue.
So I kiss your velvet cheek and say a prayer for you.

With love, Mommy

Leg dein kleines blondes Köpfchen auf dieses Kissen,
mein Schatz.
Engel halten über dir Wacht
Und der Morgenstern am Himmel, Liebling.

Kannst du den Mond sehen, wie er in dein Zimmer scheint
Und dir silberne Bänder ins Haar flicht?
Schlaf gut, träum süß, bis die Sonne den Morgen bringt.

Hatte keine Ahnung von dieser tiefen Liebe,
Die mein Herz zu zerreißen droht,
Deshalb lege ich mich hin mit dir, Jesus zu Füßen.

So muss es sich anfühlen, wenn man auf heiligem Boden liegt.
Ein Geschenk Gottes bist du, mein Liebling.
Ich küsse deine samtene Haut und spreche ein Gebet für dich.
In Liebe, deine Mama.

Schwangerschaftsstreifen habe ich keine davongetragen – bis auf den einen auf meiner Seele.

Besuche

Und er hat zu mir gesagt: Lass dir an meiner Gnade genügen; denn meine Kraft ist in den Schwachen mächtig.

2. KORINTHER 12,9 (L)

Es war die beste Zeit …

Wann immer Eleanor und William zu Besuch kamen, machten sie sich nützlich. Eleanor hängte die Wäsche auf. William stellte sich gerne in die Küche, kochte Spaghetti oder eine gute Suppe. Er ist ein hart arbeitender Mann, dem es große Mühe macht, still zu sitzen und nichts zu tun. Unsere Garage war nach jedem Besuch der Pfaehlers picobello aufgeräumt.

Williams Lieblingsbeschäftigung allerdings war es, Christian in den Schlaf zu wiegen. Eines Abends war ich oben in meinem Zimmer bei der Arbeit, und William war in Christians Zimmer. Ich hatte in meinem Büro stets das Babyfon an, denn es ist der einzige Raum, in dem ich sonst nicht gehört hätte, wenn er schreit. Auf einmal wurde mir bewusst, dass William Christian etwas vorsang. Ich rückte den Lautsprecher näher, um mitzuhören. William konnte die Worte nicht mit irgendeinem überlieferten Schlaflied verknüpfen, deshalb ersann er kurzerhand eine eigene Melodie!

You've got sugar dripping off your feet,
Papa's Boy, and you sure are sweet.
Rummie tummie tum, and a rum tum tum.
You've got sugar dripping off your feet.

Zucker tropft dir von den Füßen,
Papas Junge, und süß bist du in der Tat
Rammi tammi tam, und ram tam tam
Zucker tropft dir von den Füßen.

Mit Eleanor war es nicht anders. Sie sang besonders gern „Patty cake, patty cake, baker's man“[6], und Christian klatschte dazu. Aber was mich schier die Wände hochgehen ließ, das war, wenn sie sang:

Diddle diddle dumpling, my son John
Went to bed with his stockings on;
One shoe on and one shoe off,
Diddle diddle dumpling, my son John.

Diedel diedel dambling, mein Sohn Jan
ging zu Bett mit den Strümpfen an,
Ein Schuh an und ein Schuh aus,
diedel diedel dambling, mein Sohn Jan.

Es kostete mich alle Kraft, den Mund zu halten und nicht zu sagen: „Es muss heißen ‚Ein Schuh aus und ein Schuh an!‘ Kannst du das nicht hören? Andersherum reimt es sich nicht! Der Knabe heißt schließlich nicht Jaus, sondern Jan!“

Dran denken: Vielleicht gibt's ja ein Buch, in dem steht, wie man derart garstige Regungen unterdrücken kann.

Es war die schlimmste Zeit ...

Die Frucht des Geistes aber ist Liebe, Freude, Friede, Langmut, Freundlichkeit, Güte, Treue, Sanftmut und Selbstbeherrschung; dem allem widerspricht das Gesetz nicht.
GALATER 5,22F (EÜ)

Barry und ich mussten auswärts übernachten. William und Eleanor waren zu Besuch und kümmerten sich um Christian. Ich war dankbar, dass sie sich bei uns zu Hause fühlten. Ich finde es stets leichter, wenn Gäste sich frei im Haus bewegen und sich selbst bedienen. Nur ahnte ich nicht, dass sie sich *so sehr* zu Hause fühlten!

Wir kamen am nächsten Tag am frühen Nachmittag zurück, und ich ging in den Vorratsraum, um eine Dose Suppe zu holen. Sie war nicht da. Um genau zu sein: Es war überhaupt nichts von dem da, was da hätte sein sollen. Ich starrte einige Augenblicke auf das Regal und überlegte, ob ich wohl eine Brille brauchte.

Dann kam Eleanor in die Küche. „Wir haben ein bisschen umgeräumt", sagte sie. „So ist es besser."

Besser für wen?, ging es mir durch den Kopf, und laut fragte ich: „Wo ist die Suppe?", bemüht, die Früchte des Geistes durchzubuchstabieren.

„Hier drüben", sagte sie und zeigte auf die andere Seite der Küche.

„Aber da stehen doch die Töpfe und Pfannen", sagte ich, etwas schwer von Begriff.

„Jetzt nicht mehr. Sie sind jetzt hier", meinte Eleanor und öffnete einen weiteren Schrank.

„So, so ...", sagte ich und ging ins Badezimmer, um meinem Ärger dort Luft zu machen. Nach ein paar Augenblicken und nachdem ich schnell noch den Refrain von „I surrender all" gesungen hatte, wollte ich zurück – und rannte prompt gegen einen Tisch.

Der stand noch nicht hier, als wir weggefahren sind, war mein Gedanke. Ich schaute mich um im Zimmer. Nichts war mehr am

Platz. Bilder hingen an anderen Stellen, Lampen standen auf anderen Möbeln.

Ich ging erst mal in die Stadt und schlang vier Stücke Pizza hinunter.

Wenn ich es recht überlege, dann haben Eleanor und ich damals viel Zeit damit verbracht, vor uns hinzumurmeln – nur einander die Wahrheit gesagt, das haben wir nicht. Natürlich hatten wir keine Ahnung, was uns schon kurz darauf bevorstand.

Zweiter Teil:

Die Wende

Der Herr ist mein Hirte, mir wird nichts mangeln.
Er weidet mich auf einer grünen Aue
Und führet mich zum frischen Wasser.
Er erquicket meine Seele.
Er führet mich auf rechter Straße
Um seines Namens willen.
Und ob ich schon wanderte im finstern Tal,
Fürchte ich kein Unglück;
Denn du bist bei mir,
Dein Stecken und Stab trösten mich.

PSALM 23,1-4 (L)

Erste Anzeichen

Darum werden wir nicht müde; wenn auch unser äußerer Mensch aufgerieben wird, der innere wird Tag für Tag erneuert.
2. Korinther 4,16 (EÜ)

Im Frühjahr 1997 rief Barry seine Eltern an für den allwöchentlichen Austausch. Als er so sprach, konnte ich sehen, dass seine Schultern herabfielen und sein Blick sich verengte. Dann reichte er den Hörer an mich weiter mit einem besorgten Ausdruck im Gesicht.

Ich wusste nicht, was das bedeuten sollte, deshalb begann ich mit meinem üblichen Gruß. „Hallo, Mom. Wie geht es dir?"

„Nicht so gut, Sheila. Nicht so gut", war die Antwort. „Ich habe mich nicht wohl gefühlt gestern Abend, und Pop hat mich ins Krankenhaus gebracht für den Fall, dass es wieder das Herz war."

„Was haben die Ärzte festgestellt, Mom?", fragte ich, in wachsender Unruhe.

Für ein paar Augenblicke schien die Leitung tot. Dann sagte Eleanor: „Nun, es ist nicht mein Herz, aber sie haben ein paar Wucherungen im Bauchraum gefunden."

„Was bedeutet das?", fragte ich. „Konnten sie dir sagen, ob es bösartige oder gutartige Wucherungen sind?"

„Noch nicht, ich muss weitere Untersuchungen machen lassen, erst dann können sie sagen, ob es sich um Krebs handelt."

Wenige Tage später rief Eleanor an, um uns die Ergebnisse der Untersuchungen mitzuteilen. Die Wucherungen waren bösartig. Im Mai desselben Jahres wurde Eleanor operiert, und die Ärzte glaubten, alles entfernt zu haben.

Wir beteten und sahen den Kontrolluntersuchungen entgegen, die – so hofften wir – Eleanors vollständige Genesung bestätigen würden …

Lamb of God, sweet rose of heaven,
Gift of grace and Lord of life,
Holy One for sinners given,
Come, fill Your child tonight.

We wait now in Your presence.
We kneel before Your throne.
For You alone are worthy,
O Lion of Judah,
Sweet Rose of heaven.

Lamb of God, sweet rose of heaven,
Gift of grace and Lord of life,
Holy One for sinners given,
Come, fill Your child tonight.

We wait now in Your presence.
We kneel before Your throne.
For You alone are worthy,
O Lion of Judah,
Sweet Rose of heaven.

Lamm Gottes, süße Himmelsrose
Gnadengabe, Herr des Lebens
Heiliges Opfer für Sünder
Komm, erfülle jetzt dein Kind.

Wir warten in deiner Gegenwart
Wir knien vor deinem Thron
Du bist allein anbetungswürdig,
Löwe von Juda,
Süße Himmelsrose.

Lamm Gottes, süße Himmelsrose
Gnadengabe, Herr des Lebens

Heiliges Opfer für Sünder
Komm, erfülle jetzt dein Kind.

Wir warten in deiner Gegenwart
Wir knien vor deinem Thron
Du bist allein anbetungswürdig,
Löwe von Juda,
Süße Himmelsrose.

Im November ging Eleanor zur Halbjahreskontrolle wieder ins Krankenhaus. Der Krebs hatte inzwischen die Leber befallen. Das war eine sehr dunkle Woche.

Gegen Leberkrebs können die Ärzte nicht viel ausrichten. Dieser Krebs ist eine raubgierige Bestie. Eleanor bekam sechzig Anwendungen in Chemotherapie. Ihr Körper kam damit vergleichsweise gut zurecht: Sie verlor zwar etwas Haar, aber nicht viel. Ihr rotes Haar war immer noch prachtvoll, ohne auch nur einen Hauch von grau. Aber dafür war ihr ständig übel, und sie litt unter Durchfall, ganz abgesehen von der Erschöpfung.

Eleanor passte sich der unangenehmen Lage mit bemerkenswertem Gleichmut an. Das ist eines der Dinge, die mir an ihr so widersinnig vorkamen: Wäre Barry mit einem allzu kurzen Haarschnitt angekommen, dann hätte sie sich aufgeregt. Hätte sie an mir die Farbe eines Kleides unpassend gefunden, dann hätte sie es mir unverblümt gesagt. Aber als sie mit einer tödlichen Krankheit konfrontiert war, blieb sie ruhig und stark.

Nicht vergessen: Schreib ein Buch mit dem Titel „Nimm es locker".

Das Geschenk

Dreimal schon habe ich Gott angefleht, mich davon zu befreien. Aber er hat zu mir gesagt: „Meine Gnade ist alles, was du brauchst! Denn gerade wenn du schwach bist, wirkt meine Kraft ganz besonders an dir." Darum will ich vor allem auf meine Schwachheit stolz sein. Dann nämlich erweist sich die Kraft Christi an mir.

2. Korinther 12,8f (Hfa)

Zu jeder anderen Zeit wäre die Einladung passender gewesen. Christian war erst ein paar Monate alt; Mom hatte gerade ihre Krebsdiagnose bekommen; Pop war die Kniescheibe ersetzt worden, und die Prothese verursachte ihm größere Schmerzen als die Operation. Während dieser Zeit wurde ich eingeladen, zu den fünf anderen Rednerinnen des „Women of Faith"-Teams zu stoßen.

Ich kannte Barbara Johnson. Ich hatte schon von Luci Swindoll und Patsy Clairmont gehört, aber Marilyn Meberg und Thelma Wells waren neue Namen und neue Gesichter für mich. Ich hatte nur das Beste gehört über die Aktivitäten dieses Teams. Es schien ganz meine Linie zu sein. Die fünf waren alle nicht besonders stromlinienförmig, und der Umgang mit ihnen würde nicht gerade ein Honigschlecken sein, wenn Sie verstehen, was ich meine. Ich würde wunderbar in diese Runde hineinpassen.

Ich wusste, dass die „Women of Faith"-Konferenzen übers ganze Land verteilt stattfanden, und so redete ich mit Eleanor und William über diese Herausforderung. Meine große Sorge war, dass ich mit dem Team allzu oft und zu lang unterwegs sein würde; ich wollte gerade aber so viel wie möglich mit den beiden zusammen sein. Sie ermutigten mich, diese wunderbare Einladung anzunehmen.

Die erste Konferenz fand auf Hawaii statt und lief reibungslos ab. Aber schon bei der zweiten Gelegenheit stießen wir auf massive Hindernisse. Ich hatte mit der gastgebenden Gemeinde vereinbart, dass sich während meines Auftritts auf der Bühne ein Babysitter um Christian kümmern würde. Kein Problem, hatte es geheißen. Abends war ich dann in der Garderobe und gerade damit beschäftigt, Christian eine frische Windel zu verpassen, als der „Babysitter" hereinkam. Es war ein Mädchen von zwölf, maximal dreizehn Jahren mit ellenlangen lila Fingernägeln.

Sie wird ihm die Augen auskratzen!, dachte ich. Und im nächsten Moment: *Seit wann denke und verhalte ich mich eigentlich wie meine Mutter?*

Ich bin sicher, dass der Babysitter ein ganz liebes Mädchen war, und ich liebe lila Nagellack – aber als frisch gebackene Mutter geriet ich in Panik. Ich bezahlte sie aus und verschaffte ihr einen Platz im Konferenzsaal. Das ganze Wochenende über wurde Christian zwischen den sechs „Women of Faith" hin- und hergereicht, je nachdem, wer gerade nicht am Rednerpult sein musste. Es war grauenhaft!

Als wir heimkamen, rief ich Eleanor an, um zu erfahren, wie es ihr ging, und um ihr von der Konferenz zu erzählen. Später am Abend rief sie zurück. „William und ich haben miteinander gesprochen, und wir haben eine Entscheidung getroffen.“

„Entscheidung worüber, Mom?“, fragte ich.

„Über dein Problem unterwegs. William und ich werden dich in Zukunft begleiten.“

Ich dachte erst, ich hätte mich verhört. Wer würde sich derart aufopfern? „Das könnt ihr nicht machen“, sagte ich. „Was ist mit deiner Chemotherapie? Und denk nur an Pops Knie!“

„Ich nehme deinen Konferenzkalender morgen mit zum Doktor. Er soll die Chemo eben entsprechend terminieren.“

Und genau so hat sie es gemacht. Was für ein Geschenk! Ein Geschenk der Gnade.

Eine unabhängige Meinung

Denn deine Gnade reicht, so weit der Himmel ist,
und deine Treue, so weit die Wolken gehen.

Psalm 108,5 (L)

Es war im Januar 1998. Ich telefonierte mit Eleanor, um zu erfahren, wie es ihr ging. Wir unterhielten uns eine Weile, dann sagte sie: „Ich bin nicht sicher, ob mir die Ärzte alles sagen. Ich möchte gerne die ganze Wahrheit erfahren. Ich möchte wissen, wie viel Zeit mir noch bleibt."

Der Schmerz in ihrer Stimme war unüberhörbar, und ich wollte alles versuchen, um ihr zu helfen. „Warum kommst du nicht zu uns nach Nashville? Wir haben hier im Baptist Hospital einen der besten Krebsspezialisten im Land", sagte ich. „Ich werde mit dir hingehen, und wir holen bei ihm eine zweite Meinung ein."

Einen Monat darauf kamen Eleanor und William zu uns. Sie brachten Eleanors komplette Behandlungsakte mit. William (oder „Bubsie", wie wir ihn liebevoll nennen) wollte nicht mit zum Arzt gehen. Also chauffierten Barry und ich Eleanor zum Baptist Hospital.

Schon bald saßen wir im Sprechzimmer des Arztes und erwarteten seine Prognose.

Der Doktor war freundlich und direkt. „Eins möchte ich vorneweg klarstellen", sagte er. „Ich bin Mediziner, aber ich bin auch Christ. Was ich Ihnen sagen kann, das sage ich aus meiner beruflichen Erfahrung heraus. Aber mir ist auch bewusst, dass Ihr Leben in Gottes Hand liegt. Er misst Ihnen Ihre Lebensspanne zu."

Dann überflog er die Befunde und Akten und sagte schließlich: „Also gut. Ihnen bleiben unterm Strich sechs Monate bis maximal zwei Jahre. Sie haben sechzig Anwendungen Chemotherapie gehabt. Für die letzte Runde können wir es mit einer neuartigen Therapie versuchen. Sie müssen allerdings abwarten, bis einige körperliche Veränderungen eingetreten sind. Ihre Haut wird sich gelb verfärben, Ihre linke Schulter wird schmerzen, und Ihre Leber wird sich vergrößern."

Mom fragte: „Was kann ich von dieser neuen Therapie erwarten?"

„Im besten Fall wird Sie Ihnen etwas mehr Zeit verschaffen."

„Wie krank werde ich mich dabei fühlen?"

Der Arzt gab zu, dass die Therapie mit schweren Nebenwirkungen verbunden sein würde.

Eleanor überlegte nur einen Augenblick lang. Dann sagte sie bestimmt: „Ich werde mich darauf nicht einlassen."

„Ich respektiere das", antwortete der Arzt. Allerdings meinten wir dabei einen hochmütigen Ausdruck in seinen Augen zu bemerken.

„Der Grund ist: Ich habe einen Enkel." Eleanor begann zu weinen. „Ich möchte in der Lage sein, mich an ihm zu freuen, und möchte jeden Tag, der mir noch bleibt, mit ihm verbringen."

Wir dankten dem Arzt für seine Aufrichtigkeit und gingen. Die Rückfahrt verlief schweigend. Dann steuerten wir ein Café an.

Ich nahm Eleanors Hand. „Mom, hast du Angst?"

„Nein, Angst nicht … Ich möchte nicht sterben, aber ich habe keine Angst." Dann traten ihr Tränen in die Augen. „Ich möchte, dass Christian mich in Erinnerung behält."

Wir saßen alle schweigend da. Tränen liefen über unsere Gesichter.

Aber du, Herr, sei du mit mir um deines Namens willen;
denn deine Gnade ist mein Trost: Errette mich!

Psalm 109,21 (L)

The Race

Can you hear the distant drums, do you hear the cries?
Can you see the clouds begin to darken in the skies?
Do you feel the earth beneath your feet begin to shake?
Do you know it's time to guard your heart and stay awake?

In every city, every town, in nations far and wide,
Hearts are being toorn apart across the great divide.
Lives hang in the balance as the sand of time runs down,
So lift your eyes to heaven while there's mercy to be found.

For the day will come when you'll hear the trumpet sound,
And upon this earth Christ will stand.
So be strong and true, run the race He set for you,
For the kingdom of God is at hand.

Are you tired of the journey, are you growing cold?
Bring the embers of your fire to the Lamb of God.
Cast aside the things that pull you far away from home.
God will give a heart of flesh; He'll take your heart of stone.

For the day will come when you'll hear the trumpet sound,
And upon this earth Christ will stand.
So be strong and true, run the race He set for you,
For the kingdom of God is at hand.[7]

Das Rennen

Hörst du die Trommeln in der Ferne, hörst du die Rufe?
Siehst du, wie die Wolken allmählich den Himmel verdunkeln?
Fühlst du, wie die Erde unter deinen Füßen zu beben beginnt?
Jetzt ist es Zeit, dein Herz zu hüten und wach zu bleiben.

In jeder Stadt, in jedem Dorf, überall auf der Welt
Tut sich eine Kluft auf, werden Herzen auseinander gerissen.
Leben hängt am seidenen Faden, Zeit verrinnt wie Sand.
Erbarmen ist nur vom Himmel zu erwarten, also heb den Blick.

Denn der Tag wird kommen, an dem das Signalhorn erschallt
Und Christus wieder auf der Erde erscheint.
Also sei stark und wahrhaftig, lauf das Rennen zu Ende,
Denn das Reich Gottes ist zum Greifen nah.

Bist du erschöpft von der Reise, wird dir kalt?
Bring die Glutreste deines Lebens zum Lamm Gottes.
Lass alles hinter dir, was dich davon abhält heimzukehren
Gott ersetzt dein totes Herz durch eines, in dem Leben pulsiert.

Denn der Tag wird kommen, an dem das Signalhorn erschallt
Und Christus wieder auf der Erde erscheint.
Also sei stark und wahrhaftig, lauf das Rennen zu Ende,
Denn das Reich Gottes ist zum Greifen nah.

Inseln der Gnade in einem See aus Schmerzen

The Beverly Hillbillies[8],
That's our name.
So much luggage,
The porter's lame.
One in a wheelchair,
One in a stroller,
One of us limping,
He leans on my shoulder.
But we're together –
For Better or worse.
(I wonder if can afford a full-time nurse?)

Die Beverly Hillbillies
So nennt man uns
So viel Gepäck
Und ein lahmer Portier
Einer sitzt im Rollstuhl
Einer im Kinderwagen
Einer von uns hinkt
Fast muss ich ihn tragen
Aber zusammen haben
Wir noch alles geschafft.
(Hoffentlich reicht das Geld für eine Pflegekraft …)

Unser Leben verlief in anderen Bahnen, nachdem William und Eleanor quasi bei uns eingezogen waren. Wenn ich auf der Bühne war, wurde Christian von seiner Oma versorgt, und William unterstützte Barry am Büchertisch. (So bekam ich doch noch Genugtuung für das Umräumen meiner Küche. Während des gesamten Jahres der „Women of Faith"-Konferenzen trug William gewissermaßen ein Schild um den Hals mit der Aufschrift „Ich habe Sheilas Küche reorganisiert." Ich erzählte die Geschichte auf der Bühne, sodass William von allen und jedem darauf angesprochen wurde.)

Gott schenkt immer wieder ganz unerwartet Inseln der Gnade in einem See aus Schmerzen. Eleanor hatte niemals zuvor in ihrem Leben eine Zeit erlebt, in der sie die Freundschaft und die Unterstützung gläubiger Frauen so nötig gehabt hätte wie jetzt, und just in diesem Moment war eine solche Gruppe zur Stelle. Was mich betrifft: Ich habe Eleanor nie so sehr gebraucht wie damals, und sie war da.

Wir sechs Damen vom Women of Faith-Vortragsteam sind eine recht verschworene Gemeinschaft. Eifersüchtig wachen wir darüber, dass niemand unsere wenigen wirklich privaten Momente stört. Ich rede von sechs Frauen, aber eigentlich sind es sieben. Man muss Mary Graham noch dazurechnen. Sie ist unser Chef, unsere Zeremonienmeisterin bei den Konferenzen, unsere Anwältin in verzwickten Situationen. Es ist nur schwer in Worte zu fassen, was für eine Art Frau sie ist. Die beste Freundin, die man sich überhaupt wünschen kann. Unnötig zu sagen, dass Barry, Christian und ich sie mit Leib und Seele lieben. Wir würden uns Arme und Beine für sie ausreißen, wenn sie es denn nötig hätte. Von ihrem letzten Aufenthalt in Afrika hat sie Christian einen Stoffelefanten mitgebracht. Er nennt ihn wie sie – Mary Graham. Glücklicherweise hat sie das als Kompliment genommen.

Unsere Frauentreffen dauern jeweils von Freitagabend bis

Sonntagnachmittag. Die Stunde vor der Eröffnung der Konferenz ist unserem Team heilig. Wir sieben treffen wir uns mit Lana Bateman, die uns während der Veranstaltungen im Gebet den Rücken frei hält, und gemeinsam treten wir vor den Thron der Gnade. Manchmal sind Verwandte oder gute Freunde dabei, wenn wir um fünf zu Abend essen, aber sobald es Zeit wird für die Andacht, verlassen sie uns, und dann können wir uns voll und ganz auf Gott einlassen.

Eines Abends packte Eleanor Christian in den Kinderwagen, um mit ihm rings um das Konferenzgelände spazieren zu gehen. Dabei bemerkte ich etwas in ihren Augen. Einen Ausdruck geistlichen Hungers. Den stillen Schrei einer Frau, die innerlich am Verdursten war. Eine unausgesprochene Bitte um Hilfe. Ich konnte nicht einfach darüber hinweggehen. Also bat ich meine Freundinnen zu überlegen, ob Eleanor zu unserem Kreis stoßen dürfe.

Vielleicht kommt es Ihnen sonderbar vor, dass wir unsere Privatsphäre normalerweise streng abschirmen. Tatsächlich ist unser Leben aber so öffentlich geworden, dass wir einen Ort brauchen, an dem wir uns einfach fallen lassen können. Einen Ort, an dem wir über die persönlichsten Dinge und Kämpfe sprechen können. Einen sicheren Ort. Doch als ich fragte, ob wir Eleanor in den Kreis aufnehmen könnten, da waren alle einverstanden. Mir ist erst in den letzten Momenten von Eleanors Leben klar geworden, was für ein Geschenk das war.

Die meiste Zeit über hörte Eleanor nur zu. Manchmal weinte sie still. Manchmal betete sie, fand kaum Worte für den Dank, den sie empfand, dass sie an einem guten Ort sein konnte in einer Gemeinschaft von wohlmeinenden Frauen. Die Kassetten von den Konferenzen nahm sie mit nach Hause und hörte sie wieder und wieder. Sie las regelmäßiger in ihrer Bibel und fand Trost in den Psalmen. Ein Psalm hatte es ihr besonders angetan:

> *Wer unter dem Schirm des Höchsten sitzt*
> *und unter dem Schatten des Allmächtigen bleibt,*
> *der spricht zu dem HERRN:*

Meine Zuversicht und meine Burg,
mein Gott, auf den ich hoffe.
Denn er errettet dich vom Strick des Jägers
und von der verderblichen Pest.
Er wird dich mit seinen Fittichen decken,
und Zuflucht wirst du haben unter seinen Flügeln.
Seine Wahrheit ist Schirm und Schild,
dass du nicht erschrecken musst vor dem Grauen der Nacht,
vor den Pfeilen, die des Tages fliegen,
vor der Pest, die im Finstern schleicht,
vor der Seuche, die am Mittag Verderben bringt.
Wenn auch tausend fallen zu deiner Seite
und zehntausend zu deiner Rechten,
so wird es doch dich nicht treffen.
Ja, du wirst es mit eigenen Augen sehen
und schauen, wie den Gottlosen vergolten wird.
Denn der Herr ist deine Zuversicht,
der Höchste ist deine Zuflucht.
Es wird dir kein Übel begegnen,
und keine Plage wird sich deinem Hause nahen.
Denn er hat seinen Engeln befohlen,
dass sie dich behüten auf allen deinen Wegen,
dass sie dich auf den Händen tragen
und du deinen Fuß nicht an einen Stein stoßest.
Über Löwen und Ottern wirst du gehen
und junge Löwen und Drachen niedertreten.
„Er liebt mich, darum will ich ihn erretten;
er kennt meinen Namen, darum will ich ihn schützen.
Er ruft mich an, darum will ich ihn erhören;
ich bin bei ihm in der Not,
ich will ihn herausreißen und zu Ehren bringen.
Ich will ihn sättigen mit langem Leben
und will ihm zeigen mein Heil.“

Psalm 91 (L)

Eines Abends saßen wir am Küchentisch in unserem Haus in Nashville. Da fragte mich Eleanor: „Hört sich das nicht so an, als ob Gott mir Heilung verspricht? Hier steht doch: Keine Plage soll sich mir nahen. Und: Gott wird mich herausreißen aus der Not."

„Das tut er, Mom", gab ich zur Antwort, „und das wollen wir ganz fest glauben."

Dabei hatte ich immer meine Probleme mit Wunderheilungen. Ich weiß, Gott kann jeden Kranken augenblicklich heilen. Aber er scheint das nicht sehr oft zu tun. Ich habe ständig mit solchen Gedanken gekämpft, als ich den *700 Club* auf dem Christian Broadcasting Network moderierte. Wir haben dort allzu oft Geschichten gezeigt von Leuten, die geheilt worden waren, und dabei ist mir bewusst geworden, dass wohl viele Menschen zu Hause saßen, unverändert krank, und sich den Kopf zerbrachen, was bei ihnen falsch gelaufen war.

Ist mein Glaube zu schwach? Ich möchte wirklich gern auf eine Krebsstation, in ein AIDS-Hospiz oder in eine Krankenhausabteilung mit todkranken Kindern gehen können und erleben, dass alle auf der Stelle gesund werden. Aber ich erlebe es nicht. Das Einzige, was ich Kranken anbieten kann, ist meine Gegenwart – einfach nur da zu sein. Ich habe bei einem Freund im Endstadium von AIDS ausgeharrt und habe seine Hand gehalten, als Barry ihm den Weg zu Jesus gewiesen hat. Ich habe mit einem befreundeten Paar aus unserer Gemeinde geweint, als sie ihre sieben Monate alte Tochter beerdigen mussten. Ich lebe mit vielen offenen Fragen, und doch habe ich erlebt, dass Gnade uns umgibt und durchdringt – auch dann noch, wenn ein Mensch seinen letzten Atemzug tut.

Eleanor wollte geheilt werden, und so haben wir alles unternommen, was wir tun konnten. Eine unserer Konferenzen im Jahr 1998 war in Charlotte, North Carolina. Wir fanden heraus, dass Mahesh Chavdah zeitgleich mit unserem Eröffnungsabend am Freitag einen Heilungsgottesdienst durchführen würde. Ich hatte Mahesh als Interviewgast im *700 Club* gehabt und hatte gewaltigen Respekt vor ihm. Anders als viele andere Heilungsprediger schien er mir so normal, überhaupt nicht theatralisch. (Theatralik kann ich nicht leiden, aber ich würde trotzdem nie behaupten, dass Gott sich nicht auch in mir unverständlichen Dingen beweisen kann.)

Ich rief in der Kirche an, in der Mahesh predigen sollte. Ich erzählte ihnen, dass ich an diesem Abend im Coliseum in Charlotte sprechen würde und frühestens gegen 23.00 Uhr da sein könnte. Sie sagten mir, ich solle kommen, so bald es mir möglich wäre. Mahesh würde auf jeden Fall da sein. Nach der Veranstaltung fuhren Barry, William und ich zurück zum Hotel. William blieb beim schlafenden Christian, und Barry, Eleanor und ich fuhren mit dem Taxi zur Kirche. Wir schlüpften in eine der hinteren Reihen. Mahesh predigte immer noch.

Ich habe Barry vorher nur ein paar Mal weinen sehen. Einmal, als Christian geboren war. Nun saß Barry neben mir, die Hände vor dem Gesicht, und weinte. Mir brach das Herz, ihn so mit seiner Mutter leiden zu sehen. Es gibt da offenbar einen ernüchternden Zusammenhang zwischen dem Geschenk des Lebens und der Realität des Todes.

Dann forderte Mahesh jeden auf, für den gebetet werden sollte, nach vorne zum Altar zu kommen. Eleanor ging nach vorne und kniete nieder. Barry und ich knieten hinter ihr. Mahesh kam zu uns. Er fragte Eleanor nach ihrem Anliegen. Die Gemeindeältesten traten hinzu, und er salbte Eleanor mit Öl, und dann bliesen sie das Shofar, das Widderhorn, das seit Urzeiten im Judentum geblasen wird bis zum heutigen Tag.

Bitte, Gott. Bitte mach sie gesund, betete ich.

Es war etwa zwei Uhr morgens, als wir zurück ins Hotel kamen. Nun hieß es abwarten, bis der Arzt das nächste Mal in einem Test die Zahl der Krebszellen ermitteln würde.

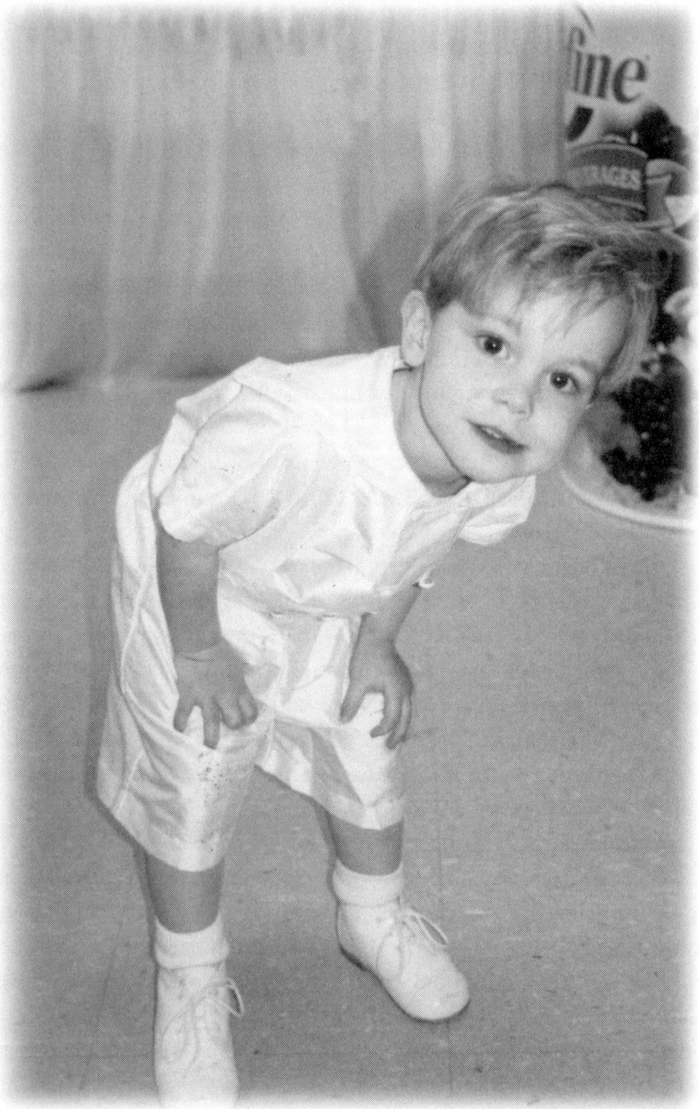

Manchmal tut es immer noch weh

Herr, strafe mich nicht in deinem Zorn, und züchtige mich nicht in deinem Grimm!

PSALM 6,2 (EÜ)

Einen Monat lang waren die Konferenzen ausgesetzt. William und Eleanor fuhren in dieser Zeit wieder nach Charleston, und Barry, Christian und ich gingen heim nach Nashville. Man sollte meinen, zumindest erhofft man es, dass das Bewusstsein vom nahenden Tod eines lieben Menschen die besten Regungen in uns zum Vorschein bringt. Aber so war es nicht. Die nächsten Monate waren grauenhaft.

Eines Tages sagte Barry beim Frühstück: „Ich habe keine Ahnung, warum Mama so aufgebracht ist."

„Was ist passiert?"

„Sie will bis ins Kleinste wissen, was wir so am Tag machen. Wenn ich ihr nicht detailliert Rechenschaft gebe, bricht sie in Bitterkeit aus. Wie ich das hasse!"

„Vermutlich will sie nur einbezogen werden in unsere Familie", meinte ich. „Warum lässt du das nicht mich machen? Ich kann ihr alles haarklein erzählen."

„Klingt gut", sagte Barry. „So machen wir's. Sie wird das mögen."

Immer wenn Eleanor anrief oder wenn ich mich bei ihr in Charleston meldete, hatte ich eine Liste parat mit all den Ereignissen und Vorhaben: wen wir zum Essen eingeladen hatten, was ich an Kleidungsstücken für Christian gekauft hatte, woran ich gerade arbeitete. Anschließend nahm ich mir Zeit für ihre Berichte über ihren Gesundheitszustand, oder wie sie sich fühlte, oder wen sie die Tage zuvor getroffen hatte. Ich dachte: Das läuft doch großartig.

Ich war im Irrtum.

Eines Tages im Frühjahr 1998 klingelte das Telefon. Barry ging ran. Es war seine Mom. Vom anderen Ende des Zimmers konnte ich hören, wie scharf sie mit ihm sprach. Aber natürlich hatte ich keine Ahnung, worum es ging. Schließlich hörte ich Barry sagen: „Nein, ich geb' den Hörer nicht an Sheila weiter. Du musst erst mal wieder runterkommen." Dann legte er auf.

Ich fragte: „Was um alles in der Welt war das denn?"

„Mom ist sauer, weil sie glaubt, du würdest sie von mir abschotten. Sie sagt, sie kriegt mich nie mal direkt zu sprechen. Du schließt sie aus, meint sie."

Ich war völlig von den Socken. Nie wäre ich auf die Idee gekommen, dass mein Bemühen, Eleanor an allen Einzelheiten unseres Lebens teilhaben zu lassen, in ihr das Gefühl der Entfremdung von ihrem Sohn wecken könnte.

Nun war es an mir auszurasten. Ich sah nur noch, wie unfair das alles war. Ich bemühte mich nach Kräften, Eleanor mit Informationen zu versorgen, und das war nun der Dank.

„Na prima!", sagte ich. „Von jetzt ab redest du wieder mit ihr. Ich hab die Schnauze voll."

Ich ging mit einer Tasse Kaffee in den Garten und sah den Pferden auf dem Nachbargrundstück zu. Wir leben etwas südlich von Nashville auf dem Land. Es ist sehr friedlich dort. Ich richtete meine Gedanken auf Gott und beklagte mich bitter bei ihm. Dann setzte ich mich unter einen Baum. Nach ein paar Minuten kam Christian zu mir mit seinen Murmeln.

„Schau mal, Mami!", sagte er. „Schau mal die Farben, wenn die Sonne draufscheint!" Sein Gesicht strahlte vor Freude. „Ich mag dich, Mami", sagte er und gab mir einen Kuss auf die Nase. Dann entdeckte er Tom, den Kater unserer Nachbarn, und lief ihm nach.

Ich musste an Eleanor denken. Barry war früher ihr kleiner Junge gewesen, und sie musste ihn nun viel zu früh verlassen. Ich ließ meinen Stolz im Garten zurück und ging rein ins Haus zum Telefon. „Hallo, Mom. Ich bin's. Ich wollte nur sagen, dass es mir Leid tut. Ich habe niemals vorgehabt, dich von Barry fern zu halten. Ich wollte dir nur all die Kleinigkeiten erzählen, von denen Barry nichts mitbekommt."

Stille am anderen Ende der Leitung. Dann hörte ich Eleanor weinen. Schließlich fand sie die Sprache wieder. „Ich weiß, dass ich manchmal gemein bin, Sheila. Ich wollte doch nur, dass Barry mehr mit mir spricht."

„Ich weiß", sagte ich. „Und so soll es auch sein ... Ich liebe dich, Mom, und Barry liebt dich noch viel mehr."

„Ich liebe dich auch, mein Herz."

Herr, ich habe wieder mal gemerkt, wie unfähig ich bin. Ich möchte doch durchlässig sein für deine Gnade und dein Erbarmen, aber oft stehe ich dir mit meinem Stolz im Weg. Bitte, bitte hilf mir. Ich möchte in deine Gegenwart treten und dort leben.

Der Befund

Tränen waren mein Brot bei Tag und bei Nacht;
denn man sagt zu mir den ganzen Tag:
„Wo ist nun dein Gott?" Meine Seele,
warum bist du betrübt und bist so unruhig in mir?
Harre auf Gott; denn ich werde ihm noch danken,
meinem Gott und Retter, auf den ich schaue.

PSALM 42,3.5 (EÜ)

Im Sommer 1998 erhielten wir die Testergebnisse: Die Zahl der Krebszellen hatte sich verdoppelt. Es sah nicht gut aus. Eleanor entschied sich, keine weitere Chemotherapie zu machen. Sie hatte keine Schmerzen, aber sie war schwach und zeitweise sehr müde.

„Mom, ich denke, du solltest nicht länger mit uns herumreisen. Das ist zu anstrengend für dich", sagte ich eines Tages, als wir sie in Charleston besuchten.

„Und was meinst du, Sheila, soll ich stattdessen tun? Soll ich hier rumsitzen und jeden Tag ein bisschen mehr sterben – oder nicht doch besser unterwegs sein mit den Menschen, die ich liebe?"

Ich sagte nichts mehr. Sie war noch achtzehn weitere Monate mit uns zusammen. Und Christian war eine wunderbare Quelle des Trostes für sie. Er war ein normales, lebhaftes Kind von nun bald zwei Jahren, aber wenn er mit Eleanor zusammen war, war er sanft und behutsam, als ob er ihre Lage verstanden hätte. Er legte sich zu ihr ins Bett, patschte ihr ganz leicht ins Gesicht und sagte: „Nana, du bist schön!"

Diese letzten Monate auf Reisen kamen mir vor wie ein Patchwork aus Tränen und Gelächter, aus zarten und verletzenden Worten. Schmerz durchzuckte meine Seele, bis ich hätte schreien können. An manchen Abenden kamen Barry und ich zurück ins Hotel, nachdem wir zwölf Stunden lang geredet und zugehört hatten, wie uns Frauen ihre eigene Geschichte erzählten, und dann empfing uns Eleanor lächelnd und hörte uns zu und berichtete uns von Christians jüngsten Abenteuern. An anderen Abenden hielt sie uns vor, dass wir sie ermorden wollten. Sterben muss ein schlimmes Gefühl der Einsamkeit erzeugen.

Ich habe in diesen schweren Tagen viel geschrieben. Ich habe meine Hoffnungen und Träume, meinen Glauben und meine Zweifel dem Laptop anvertraut. Einer der schlimmsten Momente war auf einer Fahrt nach Charleston, als Eleanor mich fragte, ob ich der Meinung sei, dass Gott sie bestrafen würde. Ich hätte darüber heulen können, dass sie diesen Gedanken auch nur einen Augenblick lang gedacht hatte. Ich hielt sie eine Zeit lang fest und weinte mit ihr. Dann schlug ich meine Bibel auf und las ihr die folgenden Worte vor:

> *Was kann uns scheiden von der Liebe Christi? Bedrängnis oder Not oder Verfolgung, Hunger oder Kälte, Gefahr oder Schwert?*
> *In der Schrift steht: Um deinetwillen sind wir den ganzen Tag dem Tod ausgesetzt; wir werden behandelt wie Schafe, die man zum Schlachten bestimmt hat.*
> *Doch all das überwinden wir durch den, der uns geliebt hat.*
> *Denn ich bin gewiss: Weder Tod noch Leben, weder Engel noch Mächte, weder Gegenwärtiges noch Zukünftiges, weder Gewalten der Höhe oder Tiefe noch irgendeine andere Kreatur können uns scheiden von der Liebe Gottes, die in Christus Jesus ist, unserem Herrn.*
>
> Römer 8,35-39 (EÜ)

Es gab Zeiten, da waren diese Worte tröstlich für sie, und dann gab es wieder Momente, in denen sie unwahr erschienen. Gott hätte Eleanor heilen können. Aber offenbar hatte er etwas anderes mit ihr vor.

Blue Waters

Oh my soul, remember …
I know that my God never sleeps;
Day and night He watches over me.
Lift my eyes unto Him.
All my help comes from the Lord;
Remember all His faithfulness to me.

Holy, holy, my Redeemer
In blue waters washes me;
Holy, holy, God, my Healer,
Catches every tear I cry.

Oh my soul, remember,
Remember all that His love can do;
Remember all His faithfulness to you.

Holy, holy, my Redeemer
In blue waters washes me;
Holy, holy, God, my Healer,
Catches every tear I cry.

You will never let my steps be moved
And I will rest completely in Your love.[9]

Klares Wasser

Meine Seele, vergiss niemals:
Gott schläft nicht, das ist gewiss;
Tag und Nacht wacht er über mir.
Ich hebe meine Augen auf zu ihm.
All meine Hilfe kommt vom Herrn;
Verlässlich, freundlich und treu ist er.

Heilig, heilig, mein Erlöser
Wäscht mich in klarem Wasser;
Heilig, heilig, Gott, mein Arzt,
Fängt all meine Tränen auf.

Meine Seele, vergiss niemals:
Gottes Liebe kann unermesslich viel,
Täglich hat er mir Treue bewiesen.

Heilig, heilig, mein Erlöser
Wäscht mich in klarem Wasser;
Heilig, heilig, Gott, mein Arzt,
Fängt all meine Tränen auf.

Du lässt mich nicht haltlos ausgleiten
Und in deiner Liebe komme ich zur Ruhe.

Aus dem Album Blue Waters

Unsere letzte gemeinsame Weihnacht

Denn uns ist ein Kind geboren, ein Sohn ist uns geschenkt. Die Herrschaft liegt auf seiner Schulter; man nennt ihn: Wunderbarer Ratgeber, Starker Gott, Vater in Ewigkeit, Fürst des Friedens.

JESAJA 9,5 (EÜ)

Wir waren uns alle bewusst, dass dieses Weihnachtsfest das letzte mit Eleanor sein würde. Es waren mittlerweile fast zwei Jahre vergangen seit der ersten Diagnose. Und im Frühjahr hatte der Arzt ihr noch sechs Monate bis zwei Jahre Lebenserwartung eingeräumt. Wir alle wollten, dass es die denkbar schönsten Ferien werden sollten. William und Eleanor kamen für einen Monat zu Besuch.

Ich dekorierte das Haus wie ein überdrehter Weihnachtswichtel. Wir hatten zwei Christbäume, einen echten im Garten und einen künstlichen, beide etwa vier Meter hoch. Wir platzierten Kränze mit großen roten Schleifen in jedem Fenster. Ein großer Adventskranz, behängt mit Früchten und Engeln und Tannenzapfen und so groß, dass man kaum die Tür schließen konnte, hing am Eingang. Ich hatte Sängerknaben aus Pappmaché auf Eleanors Nachttisch postiert. Für den Vorgarten hatten wir einen lebensgroßen, handbemalten Nikolaus gekauft. Und täglich schmetterte Bing Crosby seine Weihnachtslieder durchs Haus.

Ich versuchte mich sogar an Weihnachtsplätzchen in Form des Sterns von Bethlehem – aber sie sahen eher aus wie Spiegeleier. Unter dem Christbaum lagen haufenweise Geschenke. Eine Pendeluhr, wie sie sich Mom schon seit längerem gewünscht hatte. Ein weihnachtlicher Pullover von Christian. Ihr Lieblingsparfum von den Katzen. Ich hatte mich erkundigt, wo ein schönes Krippenspiel aufgeführt wurde, und hatte auch sonst alles nur Erdenkliche unternommen, um diese gemeinsamen Tage zu etwas ganz Besonderem zu machen.

Vergeblich. Weihnachten war ein Desaster!

Mittlerweile weiß ich auch, warum. Aber damals verstand ich es nicht. Ich sah damals nur, dass Eleanor ständig an mir herumnörgelte. Kaum, dass sie einmal das Zimmer verließ. Sie wollte nichts unternehmen. Sie lag im Bett und zappte sich durchs Fernsehprogramm.

„Mom, ist alles in Ordnung?", fragte ich. „Hast du Schmerzen?"

„Nein. Ich möchte nur allein sein."

Dann redete sie zwei Tage lang überhaupt nicht mehr mit mir. Sie kam zwar durchs Wohnzimmer in die Küche und setzte sich an den Frühstückstisch. Eleanor redete mit William, mit Christian, mit Barry, selbst mit den Katzen – nur mich ignorierte sie vollkommen. Sie gab noch nicht einmal Antwort, wenn ich sie direkt etwas fragte.

Am zweiten Tag hatte ich genug davon! Barry fand mich in Tränen aufgelöst im Schlafzimmer.

„Ich weiß nicht, was ich noch machen soll", sagte ich. „Ich weiß noch nicht einmal, was ich verbrochen habe."

An diesem Tag hatte Barry eine ernste Unterhaltung mit seiner Mutter, und es wurde sehr laut. Ich weiß das, weil ich nebenan bei Christian war und ihm eine Gute-Nacht-Geschichte vorlas. Eleanors Stimme wurde lauter und lauter.

„Ist Nana böse?", fragte Christian.

„Ja", sagte ich. „Nana geht es nicht gut. Weißt du, wie laut du schreien kannst, wenn dich etwas erschreckt hat?"

„Ja", sagte er.

„Wenn Nana sich fürchtet, dann zeigt sie es auf diese Weise."

„Das ist aber laut!"

Irgendwie haben wir auch diese Weihnachtstage überlebt. Einen Tag bevor die Pfaehlers wieder abreisten, war ich allein mit Eleanor in der Küche.

„Mom, ich weiß, du musst große Angst haben. Ich habe Verständnis dafür, wenn du zornig bist, aber bitte sag mir, wie es dir geht. Sag mir bitte auch, wenn du dich von mir verletzt fühlst. Das ist das Letzte, was ich will."

„Ich wollte nur, dass dieses Weihnachtsfest anders ist", sagte sie. „Ich wollte nur reden. Ich hatte mir gewünscht, dass wir uns alle zusammensetzen und erzählen. Aber du hast diesen ganzen Weihnachtszauber organisiert mit all den Leuten."

„Ich dachte, so magst du es."

„Diesmal nicht."

Wir umarmten uns und weinten.

Am nächsten Tag brachte Barry seine Eltern zum Flughafen, zusammen mit Christian. Als er zurückkam, hätte ich schwören können, dass er geweint hatte.

„Schatz, ist was nicht in Ordnung?", fragte ich.

„Mom stand ein paar Minuten an dem Durchgang zum Abflugschalter und hat mich nur angesehen", sagte er. „Ich weiß, dass sie nicht wieder hierher kommen wird."

Let His love flow down

If you knew your end was near,
If your final song was here,
What would it be?
If you'd one thing you could say
Before your world was swept away,
What would it be?
If you had to take it all,
All the moments great and small,
And leave a single sentence to the world?

When all is said and done,
What's the message of the Son?
Let His love, let His love flow down.

Let His love flow down like a river;
Let the healing stream start to run.
From the heart of the Lamb through
the hands of His children,
Let His love, let His love flow down.

As we see the end is near,
And the Lamb is almost here to take us home,
As we wait to see His face,
We are channels of His grace and love alone.

So let's live with heart and soul,
See each child as precious gold,
The image of our Father here on earth.[10]

Lass seine Liebe herabströmen

Wenn du wüsstest, dass dein Ende naht,
Wenn du ein letztes Lied anstimmen solltest,
Wie würde es klingen?
Wenn du noch etwas sagen könntest,
Bevor deine Welt sich verflüchtigt,
Was wäre das dann?
Wenn du die Auswahl hättest
Zwischen all den großen und kleinen Momenten,
Welchen einzelnen Satz würdest du der Welt vermachen?

Wenn alles gesagt und alles getan ist,
Was für eine Botschaft bleibt vom Sohn Gottes?
Lass seine Liebe herabströmen.

Lass seine Liebe strömen wie einen Fluss,
gib dem Strom der Liebe Raum.
Vom Herz des Lammes
durch die Hände seiner Kinder
Lass die Liebe, lass seine Liebe herabströmen.

Wenn wir wissen, dass das Ende naht
und das Lamm bereit steht, um uns heimzubringen
und wir darauf warten, ihm ins Angesicht zu blicken,
dann sind wir Gefäße seiner Gnade und Liebe.

Lasst uns mit Herz und Seele leben,
jeden Menschen als eine Kostbarkeit erachten,
Als Ebenbild des Vaters hier auf Erden.

Der lange Weg nach Hause

Du bereitest vor mir einen Tisch im Angesicht meiner Feinde. Du salbest mein Haupt mit Öl und schenkest mir voll ein. Gutes und Barmherzigkeit werden mir folgen mein Leben lang, und ich werde bleiben im Hause des Herrn immerdar.

PSALM 23,5-6 (L)

Eleanor ging nie wieder auf Reisen. Anfang Januar 1999 sagte sie uns, dass ihre Zeit bei den „Women of Faith" vorüber sei. Ich verstand. Ich hatte es kaum fassen können, wie lange sie durchgehalten hatte. Aber danach wurde sie beängstigend schnell schwächer.

Wir versuchten bei ihr zu sein, sooft es unsere Verpflichtungen zuließen. Sie konnte immer noch mit William eine kurze Strecke fahren – aber nicht zu weit, nicht zu lang. Die meiste Zeit lag sie auf dem Sofa im Wohnzimmer und schlief, umgeben von Barrys Bildern und Urkunden. Sie benötigte nun die Hilfe einer Pflegerin.

Eines Tages im Februar rief William an. „Ich denke, ihr solltet besser kommen. Die Schwester sagt, dass ihre Organe eins nach dem anderen den Dienst versagen."

Wir nahmen den nächsten Flug nach Charleston und kamen um 23.00 Uhr an. Bis wir im Haus der Pfaehlers angekommen waren, schlief Christian schon fast. Ich packte ihn in unser Bett, und Barry und ich gingen die Treppe hoch zu Eleanors Zimmer. Sie lag sehr ruhig da, sah blass und abgezehrt aus. Ihr Haar war aus dem Gesicht gekämmt, und ich bemerkte, dass ihre Fingernägel unter den künstlichen Nägeln herauswuchsen. Die Beobachtung kam mir gleich darauf albern vor; schließlich hatte sie gerade mit Leberkrebs zu kämpfen. Aber ich wusste, unter anderen Umständen hätte sie das sofort geändert. Und für mich war es eine kleine Ablenkung von dem Schmerz und der Hilflosigkeit, die ich empfand. Die Sache mit den Nägeln war etwas, das konnte ich kontrollieren. Da konnte ich etwas für sie tun. (Später rief ich die Maniküre an und bat sie, ins Haus zu kommen, was sie auch tat.) Ventilatoren bliesen ihr ins Gesicht.

„Es ist kalt hier drin, Pop“, sagte ich.

„Sie mag es so … Ihr ist heiß. Sie hat Fieber.“

Barry saß auf der Bettkante und nahm ihre Hand. „Mom … Mom, ich bin’s, Barry.“

Eleanor öffnete die Augen. „Barry, ach, du bist es. Ich bin so froh, dass du da bist.“

Er küsste ihre Wange. „Sheila ist auch hier.“

Ich saß auf der anderen Seite des Bettes und küsste sie auf die Stirn. „Hallo, Mom!“

„Hallo, mein Herz“, sagte sie und lächelte.

Wir vier sprachen etwa zwei Stunden miteinander. Eleanor erzählte uns, wie es gewesen war, als sie erfahren hatte, dass sie mit Barry schwanger war. Wir mussten darüber lachen, wie sie sich über ihn ereiferte. „Als du den roten Camaro gekauft hast, das war dein Ruin!“, stichelte sie.

Wir sprachen über Christian, und ihre Augen füllten sich mit Tränen. „Ich werde diesen süßen kleinen Kerl vermissen. Ich werde es nicht mehr erleben, wie er aufwächst, wie er Fahrrad fährt oder ganz alleine einkaufen geht.“

Wir weinten. Und wir lachten.

„Mom, weißt du noch, wie du mit Dad in unserer ersten Wohnung warst, und wir waren unterwegs? Du hast den Pizza-Service bestellt. Ich hatte dir den Zahlencode genannt, mit dem du das Tor zur Wohnanlage öffnen kannst, aber das hattest du vergessen. Unser Anrufbeantworter hat dein Gespräch mit dem Pizza-Boten aufgenommen. Erinnerst du dich?“

Eleanor und William konnten sich nicht mehr so recht erinnern, also erzählte ich den Dialog so, wie ich ihn im Kopf hatte:

Pizza-Bote:	Guten Tag, hier ist die Domino’s Pizza.
William:	Oh, natürlich. Kommen Sie rein.
Pizza-Bote:	Ähm, Sie müssen den Code eingeben, um die Tür zu öffnen.

William:	Der Code! Mein Gott! Mama, weißt du noch den Code?
Eleanor:	Welcher Code?
William:	Ach du liebes Leben. Wir sind aus Charleston!
Pizza-Bote:	Das nützt mir recht wenig. Wollen Sie nun Ihre Pizza?
William:	Bitte haben Sie eine Minute Geduld. Ich komme runter.

Wir lachten alle herzlich. Dann erinnerte ich William: „Als du endlich wieder in der Wohnung warst, warst du völlig außer Puste, und deine Pizza war kalt." Wieder mussten wir lachen – auch das war ein sanfter Segen in diesem schmerzlichen Moment.

Dann ließen William und ich Barry für eine Weile allein mit seiner Mutter, und wir gingen nach Christian sehen. Er hatte sich im Bett zusammengerollt und war rasch eingeschlafen. Sein rundes Engelsgesicht sah so friedlich und unschuldig aus. Als wir wieder nach oben gingen, sagte William: „Wir wollen sie jetzt schlafen lassen, und morgen sehen wir dann weiter."

Christian schlief in dieser Nacht zwischen Barry und mir. Gegen fünf Uhr früh wachte er auf, und ich hörte ihn sagen: „Mami, ich geh nach Nana sehen, bye."

Ich rief ihm noch hinterher: „Nein, nein, warte auf mich." Ich wusste nicht, ob Eleanor die Nacht überstanden hatte, und ich wollte nicht, dass Christian unvorbereitet mit dem Tod konfrontiert wird. Aber er war bereits auf und davon und hastete die Stufen hinauf. Als ich dann endlich auch oben war, stand er direkt neben ihrem Bett. William saß daneben. Eleanor war ganz still. Ihre Augen waren geschlossen.

„Nana?", fragte Christian.

Sie gab keine Antwort.

„Nana, ich bin's, Christian … Nana?"

In dem Moment öffnete sie die Augen.

„Hallo! Da bist du ja!" Christian krabbelte ins Bett neben sie und gab ihr einen dicken Kuss.

Am Abend dieses Tages kam Eleanor runter ins Erdgeschoss, um mit uns zu essen!

Am nächsten Tag sagte die Schwester: „Ich bin nun schon zweiundzwanzig Jahre im Pflegedienst, aber ich habe noch nie jemanden erlebt, der dem Tod schon so nah war, wo bereits alles zu Ende ging, und der dann noch zurückgekommen wäre."

Für mich war das ein Beispiel für die unglaubliche Kraft der Liebe: Sie ruft uns vom Tod ins Leben. Eleanor war definitiv schon fast über die Grenze; war buchstäblich schon fast über den Jordan. Aber dann hörte sie diese kleine Stimme und drehte sich um und kam zurück.

Seit damals habe ich mich wiederholt gefragt, wie oft wir unser Leben wohl derart leben. Wir machen einfach weiter, alles sieht gut aus, aber wir sind innerlich weggetreten. Wenn wir nur lange genug innehalten würden, um Gottes Stimme zu hören, wie sie uns zuruft: „Hallo!" – Und dann unsere Augen öffnen, wie Eleanor es getan hat, und Gott sagen hören: „Hallo, da bist du ja!"

Stattdessen hasten wir durchs Leben und überhören geflissentlich Gottes leise Stimme, die uns zu ihm zurückruft. Wir wissen, dass er gesagt hat: „Ich bin gekommen, um euch Leben zu geben. Nicht schiere Existenz, nicht Alltagskampf, sondern ich bin gekommen, um euch Leben im Überfluss zu geben."

Wenn wir nur innehalten und hören würden.

Wir dachten, wir würden Eleanor an diesem Wochenende verlieren, aber Gott beschenkte uns mit einigen weiteren Monaten.

Merke: Innehalten und wirklich auf meine Familie und meine Freunde achten. Hinter das blicken, was nur wahr scheint, auf das, was wirklich ist.

Eine Zeit zum Lachen, eine Zeit zum Weinen

Alles hat seine Stunde.
Für jedes Geschehen unter dem Himmel gibt es
eine bestimmte Zeit:
eine Zeit zum Gebären und eine Zeit zum Sterben,
eine Zeit zum Pflanzen und eine Zeit zum Abernten
der Pflanzen,
eine Zeit zum Töten und eine Zeit zum Heilen,
eine Zeit zum Niederreißen und eine Zeit zum Bauen,
eine Zeit zum Weinen und eine Zeit zum Lachen,
eine Zeit für die Klage und eine Zeit für den Tanz,
eine Zeit zum Steine werfen und eine Zeit zum
Steine sammeln,
eine Zeit zum Umarmen und eine Zeit,
die Umarmung zu lösen,
eine Zeit zum Suchen und eine Zeit zum Verlieren,
eine Zeit zum Behalten und eine Zeit zum Wegwerfen,
eine Zeit zum Zerreißen und eine Zeit zum
Zusammennähen,
eine Zeit zum Schweigen und eine Zeit zum Reden,
eine Zeit zum Lieben und eine Zeit zum Hassen,
eine Zeit für den Krieg und eine Zeit für den Frieden.

PREDIGER 3,1-8 (EÜ)

Unerfüllte Träume, unerwartete Gnade

Herr, sei mir gnädig, denn mir ist angst!
Mein Auge ist trübe geworden vor Gram,
matt meine Seele und mein Leib.

PSALM 31,9 (L)

Zwei Monate, bevor Eleanor starb, hatten wir eine Kongresspause und konnten in Charleston bei ihr sein. Ich habe so viele Erinnerungen daran. Es war eine ganz außergewöhnliche Zeit. Ich kann mir kein größeres Vorrecht vorstellen als das, die letzte Wegstrecke mit einem Menschen zu gehen. Diese Erfahrung verändert einen für immer.

In der letzten Phase mussten wir Eleanor in ein Pflegebett in ihrem Zimmer umbetten. Wir hatten sie zu überzeugen versucht, dass es im Erdgeschoss für alle einfacher sein würde. Aber sie wollte oben in ihrem Zimmer sein, umgeben von der beeindruckenden Puppensammlung, die sie in den letzten fünfundzwanzig Jahren zusammengetragen hatte.

Eleanors Abschied zog sich über acht Wochen hin. Weil wir ahnten, dass es eine längere Zeit sein würde, vereinbarten Barry, William und ich, dass wir uns wechselseitig ablösen würden. Einer von uns hielt jeweils für vier oder fünf Stunden Wacht an Eleanors Bett, während die anderen beiden sich etwas Schlaf gönnten oder Besorgungen machten. Eleanor wollte nicht gehen. Nicht schon jetzt. Sie war grundsätzlich bereit zu sterben und hatte akzeptiert, dass es geschehen würde, aber sie war nicht die achtzigjährige alte Frau, die unbedingt nach Hause wollte. Sie war siebenundsechzig und hatte einen Enkel von zweieinhalb Jahren, Christian. Ihr war bewusst, dass sie bald sterben würde – und damit war ein großer Traum zerplatzt.

Inmitten dieses unerfüllten Traumes gab es freilich so viele unerwartete Gnadenbeweise Gottes. Eleanor und ich – wir beide veränderten uns während ihres langen Sterbens. Wir lernten zu hören. Wir lernten Liebe zu geben und zu empfangen, wir lernten aufrichtig zu sein. Als das Ende nahte, waren wir beide bessere Frauen als zuvor. Einzig Gott hat das zuwege gebracht.

Während ihrer letzten Tage versuchte ich es so einzurichten, dass Christian sooft wie möglich bei ihr sein konnte. Aber ein Teil von mir war besorgt. Ich stellte mir die Frage: *Müsste ich ihn als seine Mutter nicht viel stärker beschützen? Oder soll ich, darf ich überhaupt aus dem Weg gehen und zulassen, dass seine Großmuter ihre letzten Augenblicke mit ihrem Enkel erlebt?*

Die Balance war nur schwer zu finden.

Eines Tages sagte Christian: „Ist Nana krank, Mami?"

„Ja, mein Schatz. Nana ist krank."

„Hat sie ein Aua?

„Ja", sagte ich, „Nana hat ein schlimmes Aua."

„Ich kann ihr helfen", sagte er.

„Wie meinst du das?"

Christian zog sein *Arthur*-Buch aus dem Rucksack, und da verstand ich. Arthur ist eine Figur aus einer von Christians liebsten Sendungen auf dem christlichen Fernsehkanal PBS. Das Buch, das er da hatte, handelte von Auas. Ich wusste, was er wollte. Also packte ich ihn in den Kindersitz, und wir fuhren zum Drogeriemarkt. Dort ging es in die Erste-Hilfe-Abteilung.

„Du suchst sie aus, Christian", sagte ich. „Nimm dir die, die du magst."

Er streckte sich nach einer großen Schachtel Pflaster mit Cartoon-Figuren darauf. Er konnte es kaum erwarten, sie zu Nana zu bringen, und als wir zu Hause angekommen waren, ging er stracks zu Eleanor ins Zimmer.

„Nana?", fragte er. „Wo ist dein Aua?"

Ich beugte mich vor und flüsterte ihr ins Ohr, was für eine Behandlung Dr. Christian vorschwebte.

„Direkt hier, mein Liebling", sagte sie und deutete auf ihre linke Hand, wo noch eine kleine Narbe von der letzten Infusion zu sehen war.

Christian griff in seine Dose und nahm ein Pflaster mit dem Konterfei von Goofy heraus. Vorsichtig klebte er es ihr auf den Handrücken.

„Danke, Christian“, sagte sie. „Jetzt geht es mir schon viel besser.“

Das machte er sich zur Gewohnheit. Jeden Morgen und jeden Abend wurde Eleanor mit einer anderen Disney-Figur beschert. Und wie sie mitspielte! Bald war sie bedeckt mit Pflastern. Sie sah aus wie ein sterbender Tourist.

Bis etwa eine Woche vor ihrem Tod kam Christian gern zu Eleanor ins Bett gekrochen und lag einfach neben ihr. Er war nun ein ungestümer, hüpfender, lautstarker, quicklebendiger Zweieinhalbjähriger, aber es blieb dabei: Ihr gegenüber war er ungewöhnlich sacht.

Eines Abends klagte Eleanor, dass ihre Füße schmerzten. Ich beschloss, ihr eine Pediküre zu machen. Also kaufte ich etwas Lotion und massierte ihre Füße. Dann schnitt ich ihr die Nägel.

„Eleanor, was hältst du davon, wenn ich dir die Nägel lackiere?“, fragte ich.

Sie nickte zustimmend. Ich nahm roten Nagellack und machte mich ans Werk. Dann klappte ich die Decke von ihren Füßen, denn sie hatte das Empfinden, der Druck sei zu stark. Später am Abend kam Christian hoch, um Gute Nacht zu wünschen. Er küsste sie auf die Wange und sagte: „Ich liebe dich, Nana, und du hast ganz hübsche Fußnägel.“

Ich hatte ihm nicht gesagt, was ich gemacht hatte. Er hatte es ganz von selbst bemerkt.

Am nächsten Tag wollte Christian ein Mittagsschläfchen bei Eleanor halten. Ich wusste allerdings, dass es ihr erheblich schlechter ging. Jeder Atemzug schien sie Kraft zu kosten. Manchmal hielt sie den Atem für mehrere Sekunden an.

Erst sagte ich: „Ich glaube nicht, dass das eine gute Idee ist, mein Schatz. Nana ist wirklich müde.“

„Aber ich möchte es“, gab er zurück. „Nana mag es, wenn ich neben ihr meinen Mittagsschlaf mache.“

Ich bot ihm einen Handel an. „Warum machen wir es nicht so: Mami kommt auch mit, und wir machen alle drei ein Schläfchen?“

„Fein!“, meinte er.

Wir schlüpften also beide ins breite Pflegebett zu Eleanor. Ich lag in der Mitte, hielt Eleanors und Christians Hand. Beide schliefen rasch ein. Eleanor war inzwischen sehr dünn geworden. Sie hatte fünfundzwanzig Kilo abgenommen. Ihr rotes Haar, das noch nie im Leben einen Tropfen Tönung gesehen hatte, war aus dem Gesicht zurückgekämmt. Sie hatte einen roten Morgenrock an in derselben Farbe wie ihre Haare. Sie trug kein Make-up, und ihr Gesicht war weich wie das eines kleinen Mädchens. Ich konnte das Morphiumpflaster auf ihrer Brust sehen und das Nitroglyzerin-Pflaster für ihr Herz direkt daneben.

Ich musste vorsichtig sein, um nicht an den Katheter zu rühren. Die Schwester und ich hatten eine Viertelstunde gebraucht, um ihn zu legen. Diese Prozedur wollte ich Eleanor nicht so bald wieder zumuten. Wir hatten ihre Nachthemden am Rücken aufschneiden müssen, sodass wir sie wechseln konnten, ohne ihr wehzutun. Christian hatte den kleinen Clown-Pyjama an, den wir gekauft hatten, nachdem wir während unseres letzten Aufenthaltes in Florida den Cirque du Soleil besucht hatten. Christian lag mit seinem Kopf auf meiner Brust, sein dunkelblondes Haar ringelte sich um seine Ohren.

Beide trugen Windeln. Ich hatte gerade erst Eleanors Windeln gewechselt, und ich hatte Christians Windeln gewechselt. So lag ich nun zwischen den beiden, und Tränen liefen mir übers Gesicht. Und ich musste denken: *Herr, welchen Sinn hat unser Leben? Welchen Sinn hat die Spanne zwischen dem einen Moment, wenn wir in diese Welt eintreten, verwundbar und hilflos, vollkommen abhängig von jemand anderem, so wie Christian – und dem anderen Moment, wenn wir fast schon wieder zu Hause sind und wie am Anfang hilflos und abhängig sind, so wie Eleanor? Was ist der Zweck unseres Daseins? Was ist unsere höchste Bestimmung, was ist das Beste, zu dem wir berufen sind? Was macht dich glücklich?*

In diesem Augenblick durchzuckte mich eine überwältigende Gewissheit: Der einzige Zweck unseres Lebens besteht darin, dass wir Gott lieben lernen und Boten seiner Liebe zu den Menschen in unserer Umgebung werden. Ich musste an die zahllosen Stunden denken, die Eleanor und ich vergeudet hatten mit sinnloser

Aufregung über Nichtigkeiten. Ich dachte daran, wie wir beide jeden Tag so planlos angegangen waren, als ob er keinen Wert an sich hätte, ohne die leiseste Ahnung, ob es nicht der letzte gemeinsame Tag hätte sein können, den wir erlebten.

Mir kam eine Lektion wieder in den Sinn, von der ich geglaubt hatte, ich hätte sie längst verinnerlicht, aber meine urmenschliche, sündige Natur hatte mir einen Strich durch die Rechung gemacht: Der alleinige Zweck meines Daseins ist, dass ich Christus ähnlicher werde. Alles – aber auch wirklich alles –, was in diesem Leben passiert, gut oder böse, kann dazu dienen, dass Christus mich zu der Frau macht, die ich nach seinem Willen sein soll. Törichte Streitereien mit meiner Schwiegermutter, verpasste Flüge, lange Warteschlagen im Supermarkt, Krankheit – alles kann letztlich etwas Gutes wachsen lassen ... und deshalb als Geschenk verstanden werden.

Merke: Irgendwo in meinem Gedächtnis muss ein Leck sein. Abdichten!

Eine unbefleckte Empfängnis?

Den Ruhm deiner großen Güte sollen sie ausbreiten
und deine Gerechtigkeit bejubeln.

Psalm 145,7 (Zü)

Eines Abends im März saßen Barry und ich drei oder vier Stunden bei Eleanor. Wenn sie bei Bewusstsein war, erzählten wir von Christian. Wir sprachen von all den lustigen Sachen, die wir gemeinsam erlebt hatten. Wir erinnerten uns an den Ausflug nach Disney World und an Christians Gesicht, als er dort Micky Maus begegnet war. Eleanor lächelte bei dem Gedanken.

Anschließend schien sie einzuschlafen, und sie sah friedlich aus. Barry und ich sprachen darüber, wie froh wir waren, dass sie nun nicht länger von dem Gedanken gepeinigt wurde, Christian könne sie vergessen. Barry hatte Tränen in den Augen.

Plötzlich setzte sich Eleanor im Bett auf und ergriff unsere Hände. „Holt den Doktor", schrie sie.

„Mom, ich werde ihn anrufen", sagte ich. „Aber … hast du wieder Schmerzen?"

„Nein", antwortete sie. „Ich denke, ich bin schwanger."

„Mom", gab ich zurück, „wenn du schwanger bist, dann muss ein neuer Stern im Osten erscheinen, und dann werden bald drei weise Männer den Savannah Highway hinunterfahren."

Eleanor sank zurück in ihr Kissen und verlor wieder das Bewusstsein.

Weder Barry noch ich konnten ein Kichern unterdrücken. Ganz unerwartet war uns inmitten eines geplatzten Traums ein Lachen geschenkt worden.

Mitleiden: Das Kind der Freude und der Schmerzen

Now we know the end is near,
And the Lamb is almost here to take us home,
As we wait to see His face,
We are channels of His grace and love alone.

So let's live with heart and soul,
See each child as precious gold,
The image of our Father here on earth.

When all is said and done,
What's the message of the Son?
Let His love, let His love flow down.

Wenn wir wissen, dass das Ende naht
Und das Lamm bereitsteht, um dich heimzubringen
Und du dich danach sehnst, ihm ins Angesicht zu blicken,
Dann sind wir Gefäße seiner Gnade und Liebe.

Lasst uns mit Herz und Seele leben,
Jeden Tag als eine Kostbarkeit erachten,
Größtes Geschenk des Vaters hier auf Erden

Wenn alles gesagt und alles getan ist,
Was für eine Botschaft bleibt vom Sohn Gottes?
Lass seine Liebe herabströmen.

An einem Tag kurz vor dem Ende litt Eleanor unter sehr starken Schmerzen. Mittlerweile bekam sie alle zwei Stunden Morphium. Ich saß an diesem bewussten Tag bei ihr und spielte ihr eine Kassette vor mit einigen ihrer Lieblingslieder. Sie presste meine Hand ganz fest, deshalb bin ich mir sicher, dass sie Schmerzen hatte. Ich fühlte mich hilflos. Ich hatte ihr gerade so viel Schmerzmittel gegeben, wie die Schwester erlaubt hatte. Aber ich beschloss, die Schwester herbeizurufen, sobald William oder Barry heraufkäme, um mich abzulösen. Soweit es mich betraf, sollte Eleanor keine Schmerzen leiden, wenn wir irgendetwas dazu beitragen könnten.

Da sagte sie zu mir: „Wie lange noch, Sheila? Wie lange wird das noch so weitergehen? Wenn Gott mich zu sich holen will, warum kann er es nicht jetzt tun? Warum muss es so schwer sein?"

„Mom, ich weiß es nicht", sagte ich und schlang meine Arme um sie. „Ich weiß nicht, warum es so sein muss, wie es ist. Wir werden alles tun, was wir können, um dich von diesen Schmerzen zu befreien."

Just in diesem Moment schaute ich aus dem Fenster hinter ihrem Bett, und ich konnte Christian sehen und hören. Er rannte im Garten herum auf der Suche nach dem Kater des Nachbarn. Dann hielt er an einem Busch inne und bückte sich, um zwischen den Zweigen nach etwas zu greifen. Ich konnte undeutlich die Umrisse der Katze erkennen, die sich da verschüchtert unter dem Busch verkrochen hatte.

„Hör mal, Katze", sagte Christian. „Komm her! Ja, du! Du kommst jetzt her, oder du kriegst Stubenarrest! Ich meine das ernst, Katze. Es gibt kein Mittagessen. Du kriegst überhaupt nichts, wenn du nicht auf der Stelle da rauskommst. Das ist mein Ernst, Katze!"

Ich hielt meine Schwiegermutter, die sich unter Schmerzen wand, und mein Herz war bei ihr. Zur selben Zeit beobachtete ich meinen geliebten kleinen Jungen und lachte mit ihm. Was für ein merkwürdiger Augenblick. Freude und Schmerz zur gleichen Zeit. Das spielende Kind mit der Katze, ein ganz normaler Tag in seinem Leben. Zugleich erlitt die Großmutter die schlimmsten Schmerzen.

Ich hatte bis dahin immer gedacht, dass ich entweder eine Zeit der Freude erlebte – und dann gab es da keinen Hauch von Schatten, oder ich durchlebte eine Phase quälender Sorge – und dann war da kein einziger Lichtstrahl zu sehen. Seit ich mit Eleanor ihre letzte Wegstrecke durchwandert habe, ist mir klar, dass ich für den Rest meines Lebens beide Realitäten immer Hand in Hand wahrnehmen werde. Wenn ich Freude erlebe, werde ich zugleich einen Sinn für den Schmerz haben.

Wie können wir in dieser schwer beschädigten Welt leben, ohne dass wir Schmerz empfinden? Und zugleich: Wie können wir unseren Blick auf die zukünftige Heimat richten und nicht tanzen? Es scheint fast so, als würden diese beide Eltern – Freude und Schmerz – erst gemeinsam das Mitleid gebären. Wenn wir beides gleichzeitig zulassen, dann verändert Gott die Art und Weise, wie wir das Leben und wie wir andere Menschen wahrnehmen.

Ich war früher total verunsichert, wenn ich mit kranken oder sterbenden Menschen zu tun hatte. Ich dachte: *Was passiert, wenn ich nicht das Richtige sage?* Schließlich habe ich begriffen: Es gibt nichts Richtiges zu sagen. Was von dem, was wir sagen, könnte den Schmerz in irgendeiner Weise dämpfen? Aber wir können einander die Gegenwart Jesu Christi nahe bringen. So wie es im 2. Korintherbrief heißt: „Diesen Schatz tragen wir in zerbrechlichen Gefäßen; so wird deutlich, dass das Übermaß der Kraft von Gott und nicht von uns kommt" (2. Kor. 4,7 (EÜ)).

Deshalb bete ich neuerdings einfach so: „Herr, werde in mir groß! Berühre deine Leute durch mich. Fülle dieses zerbrechliche Gefäß, das niemals etwas anderes sein wird als zerbrechlich, fülle es mit dir selbst – um deines Namens willen!"

Gott gebraucht uns, er setzt uns ein; aber nicht, weil wir gerade einen guten Tag haben. Er setzt uns ein um seines Namens willen. Es geht darum, wer er ist!

In ihrem langen Sterben fand Eleanor das, wonach sie sich im Leben gesehnt hatte: Frieden, Ruhe, Nähe, die Fähigkeit zu empfangen. Vor dieser Zeit war es ihr sehr schwer gefallen, etwas anzunehmen. Sie wollte selbst immer die Gebende sein. Ich habe ja davon berichtet: Immer, wenn sie bei uns zu Besuch war, wollte sie kochen und sich um die Wäsche kümmern. Sie hat gemacht und gemacht und gemacht – bis sie schließlich erschöpft war.

Während ihrer kostbaren letzten Wochen sprach ich mit ihr über einige der Missverständnisse, die es zwischen uns gegeben hatte. Wir sprachen über jenes letzte Weihnachtsfest, als wir völlig aneinander vorbeigeredet und -gelebt hatten. Mir wurde klar, dass sie manchmal das genaue Gegenteil von dem gesagt hatte, was sie eigentlich wollte. Sie war so furchtsam gewesen. Sie hatte gehofft, dass ich in der Lage sein würde, durch ihre Worte hindurch zu hören und das zu verstehen, was sie wirklich meinte. Ich sollte hören „Bitte halte mich fest", wenn sie sagte „Lass mich in Ruhe". Aber ich in meinem Stolz – oder in meiner Unfähigkeit, die großen Zusammenhänge zu erkennen – habe natürlich nicht verstanden, was sie wirklich meinte. Ich verstand erst, als sie es mir erklärte. So oft verwende ich selbst Zorn als Schutzschild für meine Furcht.

„Oft habe ich dir vorgeworfen habe, dass du mich nicht liebst. Dabei wusste ich genau, dass du es tust", sagte Eleanor. Ich legte meinen Kopf auf ihre Decke und weinte, während sie zärtlich mein Haar streichelte.

Wir haben beide in diesen Momenten Gnade empfangen. Momente, in denen man kein Wort herausbringt. Momente, in denen man sich auf heiligem Boden bewegt. Momente, in denen beide loslassen und im tiefen klaren Wasser der Gnade Gottes schwimmen.

The Book of Joy and Sorrow

Open to me words of wisdom
in the midst of life's dark days.
Take away my human blindness,
give me eyes to see Your ways.
I am weak without Your goodness,
I am lost without your light.
Word of God, sweet breath of heaven,
shine upon this child tonight.

Open to me words of kindness
when my heart is sad within.
Help me rise above the sorrow,
singing songs of joy again.
I will lift my voice to worship,
Thankful for Your gift of grace.
Word of peace, sweet breath of heaven –
friend, until I see your face.

Open now the halls of heaven
to each child who seeks Your face.
Mercy flowing like a river
from the Christ who took your place.
Took your guilt and shame upon Him,
bore our pain upon the tree.
Word of life, sweet breath of heaven,
Lord of every love to me.[11]

Das Buch der Freude und der Schmerzen

Eröffne mir Worte der Weisheit
inmitten der dunklen Tage des Lebens.
Heile meine Blindheit, gib mir Augen,
um deine Wege zu sehen.
Ich bin schwach ohne deine Güte,
ich bin verloren ohne dein Licht.
Wort Gottes, süßer Atem des Himmels,
leuchte heute Nacht über diesem Kind.

Eröffne mir Worte der Freundlichkeit,
wenn mein Herz traurig ist.
Hilf mir, mich über die Sorgen zu erheben,
frohe Lieder zu singen.
Ich will in die Anbetung einstimmen,
Dankbar für das Geschenk deiner Gnade,
Wort des Friedens, süßer Atem des Himmels,
Freund, bis ich dich von Angesicht zu Angesicht sehe.

Öffne den Himmel jedem Kind,
das sich nach dir sehnt.
Erbarmen fließt wie ein Strom von dem,
der unseren Platz einnahm,
unsere Schuld und Schande trug,
unsere Schmerzen erlitt am Kreuz.
Wort des Lebens, süßer Atem des Himmels,
Inbegriff der Liebe für mich.

Schwarze Komödie

There was a young boy – yes, he's mine –
Who was funny without really trying.
He grabbed the remote
Thought his grandma could float.
And said, "Oh look, Nana's flying"

Ein Junge, ein kleiner (ja, meiner),
So lustig wie er ist sonst keiner.
Fernbedienung geschnappt,
Pflegebett aufgeklappt
Und gestaunt: „Oma fliegt wie nur einer!"

Einige der letzten Momente in Eleanors Leben waren zugleich lustig und wehmütig, so wie in der Nacht, als wir krampfhaft überlegten, wie viel Morphium wir ihr geben konnten, um ihr die Schmerzen erträglich zu machen. Wir konnten die Dosis nicht erhöhen ohne Rücksprache mit der Pflegeschwester, und wir hatten nun schon eine Viertelstunde auf ihren Rückruf gewartet. Das mag normalerweise eine kurze Zeitspanne sein, aber wenn ein geliebter Mensch vom Krebs gepeinigt wird, erscheint es einem wie eine Ewigkeit.

Barry ging in die Apotheke, um ein Rezept abzuholen, und William und ich vereinbarten, Eleanor eine Tablette zu verabreichen, damit sie leichter Schlaf finden könnte. Aber es fiel ihr mittlerweile schwer, überhaupt etwas zu schlucken, gar nicht zu reden von einer Tablette. Ein Dilemma.

„Wir werden es einmal so probieren", sagte William zu mir: „Du hältst diese Lampe und leuchtest ihr ins Gesicht. Ich bringe sie dazu, dass sie den Mund öffnet und platziere die Tablette auf der Zunge. Dann werde ich versuchen, dass sie das Ding irgendwie so weit in den Rachen bekommt, dass sie einfach schlucken muss."

Das klang in meinen Ohren nicht gerade nach medizinischem Lehrbuch, aber ich wusste, dass Eleanor Hilfe brauchte. Wir versuchten es.

Gerade da kam Christian nach oben und sah mich mit der Taschenlampe. Er entdeckte auch die Fernbedienung für das Fuß- und Kopfteil des Pflegebettes und begann darauf herumzudrücken. Ein interessantes Spiel!

„Schau mal Nana an!", sagte er. „Juhu! Das macht Spaß. Sieh mal, wie Nana sich bewegt! Sie kann fliegen!"

Das Bett bewegte sich auf und ab … und Eleanor mit ihm, und die Tablette, die wir sorgfältig auf ihrer Zunge platziert hatten, flog quer durch den Raum. Zum Glück – und erstaunlicherweise – war Eleanor in dem Moment endlich eingeschlafen; sie schien nichts von dem Spektakel mitzubekommen!

Ich legte die Lampe weg und schnappte mir die Tablette, bevor Christian sie in die Finger bekam. Und dann lachten William und ich, bis uns die Tränen kamen. Wir mussten uns hinsetzen, so sehr mussten wir lachen. Natürlich stimmte Christian in den Chor mit ein. Es war einer dieser hellen Augenblicke inmitten von unerträglichem Druck, Anspannung und Trauer. Ein Moment, eine Sekunde nur, um tief durchzuatmen vor der nächsten Schlacht.

Schließlich meldete sich die Schwester. „Eleanor kann nichts mehr schlucken", sagte sie. „Von jetzt an werden wir ihr über das Morphinpflaster eine höhere Dosis verabreichen, und alle anderen Medikamente bekommt sie intravenös."

Ich erzählte ihr nichts von der Show, die sie verpasst hatte.

Gebete, die uns nicht über die Lippen kamen

Wenn ihr betet, macht es nicht wie die Heuchler. Sie stellen sich beim Gebet gern in die Synagogen und an die Straßenecken, damit sie von den Leuten gesehen werden. Amen, das sage ich euch: Sie haben ihren Lohn bereits erhalten. Du aber geh in deine Kammer, wenn du betest, und schließ die Tür zu; dann bete zu deinem Vater, der im Verborgenen ist. Dein Vater, der auch das Verborgene sieht, wird es dir vergelten. Wenn ihr betet, sollt ihr nicht plappern wie die Heiden, die meinen, sie werden nur erhört, wenn sie viele Worte machen. Macht es nicht wie sie; denn euer Vater weiß, was ihr braucht, noch ehe ihr ihn bittet.

MATTHÄUS 6,5-8 (EÜ)

Die Jünger hatten ja so Recht, als sie Jesus baten, er möge sie zum rechten Beten anleiten. Wir alle hatten gebetet: „Gott, mach sie gesund." Eleanor suchte alle möglichen Heilungsversammlungen auf, selbst in ihrem letzten Lebensmonat gab es noch entsprechende Bemühungen in ihrer Heimatgemeinde. Ich denke, wir erlebten einen jener nur schwer begreiflichen scheinbaren Widersprüche, die es im Reich Gottes gibt: Unsere Gebete wurden auf eine ganz andere Weise erhört, als wir das erwartet hatten. Eleanor fand Frieden in den letzten Wochen ihres Lebens; sie erlebte eine so enge Gemeinschaft in ihrer Familie wie nie zuvor, und sie fand am Ende den Eingang zur Freude. Gott machte sie in einem Sinn und auf eine Art und Weise heil, wie wir es nicht hätten in Worte fassen können.

Eleanor und ich, wir fanden beide mit tränenüberströmten Gesichtern zur Freude. Mir wurde klar, wie sehr wir gefangen waren im Jetzt und Hier, wie sehr wir fixiert waren auf die Erwartung, augenblicklich glücklich zu werden. Wir benahmen uns wie Eichhörnchen, die rastlos umherflitzen und Vorräte zusammenraffen und sich dann wundern, warum sie sich nicht geliebt fühlen.

Ich habe in der Folge beschlossen, etwas an meinem Gebetsleben zu ändern. Ich hatte bis dahin oft an einer Liste entlanggebetet – einer langen Liste von Dingen, die Gott meiner Ansicht nach tun sollte. Neuerdings bete ich um Weisheit und bitte darum, dass ich Christus ähnlicher werde. Meine Freundin Marilyn Meberg hat einmal Orville Swindoll, den großen Bruder von Luci, gefragt: „Was ist die wichtigste Lektion, die du im Lauf deiner Jahre auf dem Missionsfeld gelernt hast?" Seine Antwort beeindruckt mich: „Ich hatte gedacht, das Wichtigste sei, rechtschaffen zu sein. Aber heute weiß ich: Das Wichtigste ist, dass man wie Jesus Christus denkt und handelt."

Das kann ich nur unterstreichen.

So wächst Freude!

Joy

There's a joy that's deep inside me
that's stronger than the sun.
There's a peace that stays beside me,
where'ver the river runs.
There's a hope that's deep as midnight,
that shines through any storm,
And a love that gently leads me
on the path that takes me home.
This joy that I've been given,
This peace, this song of heaven,
This hope within my soul is burning,
And this love that leads me home.

There's nothing I can do,
There's nothing I can say,
That would make my poor heart worthy,
So I come through Christ, the Way.[12]

Freude

Tief in mir, da regt sich Freude,
Heller, als die Sonne scheint.
Neben mir, da fließt ein Friede,
Hält mit mir Schritt wie ein Strom.
Hoffnung wölbt sich über mir,
Überdauert jeden Sturm.
Liebe dirigiert mich sachte
Auf dem Weg, der heimwärts führt.
Freude als Geschenk bekommen,
Friede als Begleitmusik,
Hoffnung, die die Seele wärmt,
Liebe, die den Heimweg kennt.

Nichts, was ich machen könnte,
Nichts, was ich sagen könnte,
Um mein armseliges Herz aufzuwerten.
Also setze ich ganz auf Christus.

Letzte Wünsche

Let me sit in the sun,
Let me hold my head high,
Let me feel I'm alive once more 'til I die.

Lass mich in der Sonne sitzen,
Lass mich den Kopf aufrichten,
Einmal noch will ich mich lebendig fühlen, bevor ich sterbe.

In den letzten beiden Wochen, bevor Eleanor starb, konnte sie das Bett nicht mehr verlassen. Sie hatte einen Katheter gelegt bekommen, also musste sie nicht mehr auf den Nachtstuhl. Sie aß praktisch nichts mehr, und so waren die Windeln, wenn wir sie denn wechselten, in der Regel sauber. Ich machte mir große Sorgen, dass sie sich wund liegen könnte. Folglich drehten wir sie alle drei Stunden mit vereinten Kräften und legten Kissen unter ihre Arme, Knie und Füße. Ich hatte eine wunderbare Kräuterlotion entdeckt. Damit rieb ich ihren Rücken, ihre Beine und Füße ein, und das schien eine ganze Weile zu helfen.

Eines Tages betrachtete ich sie und bemerkte, wie strähnig und unordentlich ihre schönen roten Haare aussahen. „Wir sollten versuchen, Moms Haare zu waschen. Sie kann sich ja nicht wohlfühlen, so wie es jetzt ist."

Wir warteten die Tagschwester ab, die den Blutzuckerspiegel kontrollieren sollte; zuletzt litt Eleanor auch noch unter schwerer Diabetes. Dann fragte ich die Schwester, ob sie mir helfen würde.

„Wir haben da einen Puder, mit dem geht es einfacher, wenn Sie das mal versuchen wollen", schlug sie vor.

„Nein, wir sollten ihr Haar richtig waschen. Ich bin sicher, dass es ihr dann besser geht."

Das war vielleicht ein Akt! Aber wir haben es geschafft. Barry und die Schwester hielten den Kopf vom Kissen und stützten ihn, sodass ich das Haar waschen und mit einer Spülung behandeln konnte. Dann packten wir es in ein Handtuch, um das meiste Wasser herauszubekommen, und dann föhnte ich ihr Haar trocken.

„Mom, du duftest wie eine Prinzessin!", sagte ich.

Sie nahm meine Hand und drückte sie. „Danke, mein Herz."

Ich war überglücklich, dass ich ihr zu ein wenig Wohlbefinden und Würde hatte verhelfen können.

Ein paar Tage später überraschte Eleanor Barry und mich mit der Bitte: „Ich möchte noch einmal raus aus diesem Bett."

William war besorgt. „Das geht auf keinen Fall! Sie ist so schwach! Wir werden ihr wehtun."

„Pop, wir müssen das für sie tun", entgegnete ich. „Sie stirbt. Und jetzt hat sie noch einen letzten Wunsch. Ich würde sie auch an den Strand fahren, wenn sie das verlangen würde."

Barry pflichtete mir bei. Er ging nach unten und brachte einen der cremefarbenen Sessel mit geschwungener Lehne, die normalerweise im Wohnzimmer zu beiden Seiten des Sofas standen. Dann richteten wir Eleanor vorsichtig auf. Wir platzierten jeder einen Arm unter ihre Arme und einen unter ihre Knie und hievten sie behutsam in den weichen Sessel.

Kurz bevor wir zu diesem letzten Aufenthalt nach Charleston gekommen waren, hatte ich eines der schönsten Wäschegeschäfte in Nashville aufgesucht und nach einem hübschen Tagmantel gefragt. Ich nannte Eleanors Größe, und vom Verkäufer gut beraten fand ich schließlich einen bezaubernden, blassgrünen Hausmantel, der vermutlich prima mit Eleanors rotem Haar harmonieren würde.

Den holte ich jetzt aus dem Schrank, schnitt ihn am Rücken auf und zog ihn ihr an. Dann richtete ich ihr die Haare und legte ihr etwas Make-up auf.

„Mama, du siehst hübsch aus", sagte ich. „Gibt es noch etwas, was wir für dich tun können?"

„Ich möchte Bobbie sehen", gab sie zurück. „Es wäre schön, wenn sie zum Tee kommen könnte."

Bobbie Livingston war Moms beste Freundin. Sie waren sich noch näher gekommen, seit Bobbie zwei Jahre zuvor ihren Mann verloren hatte. Eleanor hatte in dieser Zeit oft Bobbies Hand gehalten. Jetzt war sie es, die Bobbies Hand brauchte.

Und Bobbie reagierte umgehend. Als wir sie anriefen, sagte sie, sie würde in fünf Minuten da sein. Barry ging runter ins Wohnzimmer und holte den zweiten Sessel. Als Bobbie eintraf, beschlossen wir, die beiden für eine Weile allein zu lassen, und verließen das Zimmer. Ich warf noch einen Blick über die Schulter, und da saßen sie, Seite an Seite, und hielten sich an den Händen. Ein schönes Bild. Einer dieser besonderen Momente, eine unerwartete Gnade.

Etwa eine Stunde später ging ich wieder die Treppe hoch. Die beiden saßen noch genau so da, Hand in Hand, Seite an Seite in den Sesseln mit den hohen Rückenlehnen. Zwei fromme Frauen, Schwestern in Christus, tauschten sich über ihr Leben aus. Ich fragte Mom, ob ich ihnen irgendetwas bringen könnte.

„Wir hätten gerne etwas Suppe“, sagte sie.

„Sehr wohl, meine Damen!“, sagte ich. Ich war ganz aufgeregt. Eleanor hatte seit fast einer Woche nichts mehr gegessen. Bobbie fütterte Eleanor, und wir waren sehr überrascht, dass sie alles aufaß.

Von da an hat sie das Bett nicht mehr verlassen. Diese Zeit der Freundschaft war ein letztes Gnadengeschenk, das Gott ihr in ihren letzten Tagen noch gewährt hat. Sie lebte in diesen zwei Stunden noch einmal auf in einer Weise, wie wir das seit vielen Wochen nicht mehr gekannt hatten. Und als wir sie dann wieder zurück ins Bett gebracht hatten, schlief sie zehn Stunden am Stück ohne die leiseste Regung, so erschöpft war sie.

Als ich an diesem Nachmittag Bobbie zu ihrem Auto begleitete, sagte ich: „Das muss für dich sehr schlimm sein, Bobbie.“

„Ich glaube, ich kann das nicht aushalten! … Was soll ich denn machen ohne sie?“

Wir umarmten uns lange, dann stieg sie ins Auto und machte sich auf den Heimweg. Ich ahnte, dass wir uns erst bei Eleanors Beerdigung wieder sehen würden.

Anbetung

Great is Thy faithfulness!
Great is Thy faithfulness, Lord, unto me!

Bleibend ist deine Treu!
Bleibend ist deine Treu, wo ich auch geh.[13]

Thomas O. Chisholm

Ich wusste, dass es nicht mehr lange dauern würde. Eleanor war nur noch wenige Stunden am Tag wach. Es fiel ihr schwer, auch nur ein paar Schlucke Wasser zu schlürfen. Also verfielen wir auf die Idee, ihr kleine Eiswürfel auf die Lippen zu legen. Und trotzdem konnte sie mich noch überraschen! Wenn ich mit ihr alleine war, las ich ihr aus den Psalmen vor oder sang etwas oder spielte ihre Lieblingskassette vor, die ihr Lana, unsere Beterin im Women of Faith-Team, einmal mitgebracht hatte. Eleanor liebte das Lied „Come Rest a while" von einem alten Album mit Seemannsliedern. Sie mochte es so sehr, dass Barry es mit in ein Studio nahm und auf eine Kassettenschleife aufnahm. So konnte man das Lied wieder und wieder abspielen, ohne zurückzuspulen. Der Text war sehr sanft und schlicht.

Die Pflegeschwester hatte uns gesagt: „Auch wenn Sie denken, dass sie schläft oder nicht bei Bewusstsein ist – sie kann Sie immer noch hören. Selbst wenn sie nicht mehr reagiert, sollten Sie wissen, dass sie noch eine Menge mitbekommt." Wenn ich Eleanor den dreiundzwanzigsten Psalm vorlas oder ihr ein vertrautes Lied sang, erschien gelegentlich ein Lächeln auf ihren Lippen.

Eines Nachts, es war gegen zwei Uhr morgens, saß ich an ihrem Bett und hielt nur ihre Hand. Ich schaute sie noch nicht einmal an. Meine Augen waren geschlossen, und ich sang ruhig vor mich hin: „Bleibend ist deine Treu." Auf einmal stimmte sie ein:

Great is Thy faithfulness, oh, God my Father,
There is no shadow of turning with Thee;
Thou changest not, Thy compassions, they fail not;
As Thou hast been, Thou forever wilt be.

Great is Thy faithfulness!
Great is Thy faithfulness!
Morning by morning new mercies I see;
All I have needed Thy hand has provided –
Great is Thy faithfulness, Lord, unto me![8]

Bleibend ist deine Treu, oh Gott, mein Vater!
Du kennst nicht Schatten, noch wechselt dein Licht.
Du bist derselbe, der du warst vor Zeiten;
An deiner Gnade es niemals gebricht.

Bleibend ist deine Treu!
Bleibend ist deine Treu!
Morgen für Morgen dein Sorgen ich seh.
All meinen Jammer hast du mir gestillet.
Bleibend ist deine Treu, wo ich auch geh.[13]

Sie sang diese erste Strophe und den Refrain, dann schlief sie wieder ein. Ich war wie vom Donner gerührt. Ich bewegte mich auf unbekanntem Gelände, im Niemandsland zwischen Leben und Tod. Ich weinte eine Stunde lang.

In diesem heiligen Moment ist mir etwas klar geworden: Man weiß nie, wer einem zuhört. Manchmal singen Frauen bei der Hausarbeit oder reden mit ihren Angehörigen über ihren Glauben und haben dabei das Gefühl: *Niemand nimmt überhaupt Notiz davon. Niemand teilt meine Gedanken, meinen Glauben.* Sie machen sich Gedanken über ihre Kinder oder über Ereignisse, die eingetreten sind, und sie fühlen sich einsam. Ich kann nur raten: Hören Sie nicht auf zu singen – bestimmt hört Ihnen jemand zu, auch wenn dieser Jemand es sich nicht anmerken lässt.

Diese Zeitspanne mitten in der Nacht war heilig, vielleicht vergleichbar mit dem, was der Prophet Jesaja erlebt hat, als ihm ein Blick hinter den Vorhang gewährt wurde.

> *Im Todesjahr des Königs Usija sah ich den Herrn. Er saß auf einem hohen und erhabenen Thron. Der Saum seines Gewandes füllte den Tempel aus. Serafim standen über ihm. Jeder hatte sechs Flügel: Mit zwei Flügeln bedeckten sie ihr Gesicht, mit zwei bedeckten sie ihre Füße und mit zwei flogen sie.*
> *Sie riefen einander zu: Heilig, heilig, heilig ist der Herr der Heere. Von seiner Herrlichkeit ist die ganze Erde erfüllt. Die Türschwellen bebten bei ihrem lauten Ruf, und der Tempel füllte sich mit Rauch. Da sagte ich: Weh mir, ich bin verloren. Denn ich bin ein Mann mit unreinen Lippen und lebe mitten in einem Volk mit unreinen Lippen, und meine Augen haben den König, den Herrn der Heere, gesehen.*
> *Da flog einer der Serafim zu mir; er trug in seiner Hand eine glühende Kohle, die er mit einer Zange vom Altar genommen hatte. Er berührte damit meinen Mund und sagte: Das hier hat deine Lippen berührt: Deine Schuld ist getilgt, deine Sünde gesühnt.*
> *Danach hörte ich die Stimme des Herrn, der sagte: Wen soll ich senden? Wer wird für uns gehen? Ich antwortete: Hier bin ich, sende mich!*
>
> JESAJA 6,1-8 (EÜ)

Eleanor beim Sterben zuzusehen und dabei zu hören, wie sie inmitten der Schmerzen von der großen Treue Gottes singt – dieses Erlebnis fegte wie ein Tornado durch mein Leben und machte mein selbstsüchtiges Ich ganz klein. Dieser Moment hat meine Seele für alle Zeiten geprägt. Ich wollte nur noch das erstreben, was wirklich zählt. *Hier bin ich*, dachte ich. *Sende mich!*

Eleanor

Lay your tired golden head upon this pillow, dear.
There are angels watching over you,
And the Morning Star in the heavens, close to you.

Can you see the moon shining in your room,
Tying golden ribbons in your hair?
May your sleep be sweet until the sun brings morning here.

And I never knew such a tender love
That could break my heart in two,
So I lie down gently now at Jesus' feet with you.

And I feel I'm lying on holy ground,
Such a gift God gave us in you.
So I kiss your fragile cheek and say a prayer for you.

Lay your tired golden head upon this pillow, dear.
There are angels watching over you,
And the Morning Star in the heavens, close to you.

Eleanor

Leg dein müdes Haupt auf dieses Kissen, Liebes.
Engel halten über dir Wacht
Und der Morgenstern am Himmel ist dir nah.

Kannst du den Mond sehen, wie er in dein Zimmer scheint
Und dir goldene Bänder ins Haar flicht?
Schlaf gut, träum süß, bis die Sonne den Morgen bringt.

Hatte keine Ahnung von dieser tiefen Liebe,
Die mein Herz zu zerreißen droht,
Deshalb lege ich mich hin mit dir, Jesus zu Füßen.

So muss es sich anfühlen, wenn man auf heiligem Boden
liegt.
Was für ein Geschenk hat Gott uns mit dir gegeben.
Ich küsse deine zarte Wange und spreche ein Gebet für dich.

Leg dein müdes Haupt auf dieses Kissen, Liebes.
Engel halten über dir Wacht
Und der Morgenstern am Himmel ist dir nah.

Vermächtnis

Höre die Stimme meines Flehens, wenn ich zu dir schreie, wenn ich meine Hände aufhebe zu deinem heiligen Tempel.
Psalm 28,2 (L)

Es war sehr still in Eleanors Zimmer. Das einzige Geräusch war das gleichmäßige Surren des Ventilators, wie das eines großen Schmetterlings im Sommer. Eleanor schien zu schlafen. Ihr Gesicht war schmal und blass. Ich saß an ihrem Bett und hielt ihre Hand in der meinen. Sie fühlte sich kalt an. Manchmal hielt Eleanor den Atem an, und ich begann zu zählen … 1-2-3-4-5-6-7-8-9. Ich ertappte mich dabei, wie ich ebenfalls die Luft anhielt und dabei überlegte, ob sie wohl noch einmal beginnen würde zu atmen.

An diesem Tag geriet ich in Panik, nachdem ich schon bis einundzwanzig gekommen war. „Mom! Mom! Was ist mit dir?"

Sie öffnete die Augen. „Hallo, Sheila."

„Bist du durstig, Mom? Soll ich dir einen Schluck Ginger Ale geben?", fragte ich und beugte mich zugleich über sie, um ihr die Haare aus dem Gesicht zu streichen.

„Das wäre gut", flüsterte sie.

Ich schüttete etwas von der Limonade in einen Plastikbecher, steckte einen Trinkhalm hinein und hielt ihn an ihre trockenen Lippen. Sie nahm zwei Schlucke und sank dann zurück.

„Mom, hast du Schmerzen?"

Sie schüttelte den Kopf und schloss die Augen.

„Mom, ich möchte dich etwas fragen." Ich machte eine kurze Pause und überlegte, ob das wohl richtig war, was ich vorhatte. Aber ich war mir so sicher, wie man sich nur sein kann, wenn es keine bessere Alternative gibt. „Möchtest du über das Sterben sprechen?"

Lana Bateman hatte mich ermutigt, dieses schmerzhafte Thema mit Eleanor anzusprechen. Lana hatte denselben langen Weg mit ihrer eigenen Schwiegermutter zurückgelegt. „Viele Menschen teilen ein Stück deines Lebensweges", hatte sie gesagt, „aber nur wenige gehen auch dann noch mit, wenn du stirbst."

Nun hatte ich also die gefürchteten Worte ausgesprochen, und ich war besorgt, dass Eleanor es als Drängen auffassen könnte – so als würde ich sie schon mal zum Ausgang schieben.

Zu meiner Überraschung griff sie nach dieser Gelegenheit wie ein hungriger Mann nach einem Stück Brot schnappen würde.

„Hilf mir auf, Sheila. Ich möchte sitzen."

Ich legte meinen Arm unter ihren Rücken. Sie hielt sich am Geländer des Bettes fest, und zusammen schafften wir es, sie in eine sitzende Haltung zu bringen. Dann stopfte ich ihr ein paar Kissen in den Rücken, um sie abzustützen.

„Hol ein Stück Papier und einen Stift", sagte sie, „und bring mir all meinen Schmuck."

Ich hastete ins Erdgeschoss und schnappte mir ein Blatt Papier von dem Block, den William am Telefon deponiert hatte, und einen Kugelschreiber. Dann holte ich zwei Schmuckkästchen aus der Kommode im Gästezimmer, wo Eleanor ihre persönlichen Dinge aufbewahrte.

Als ich wieder oben war, waren Eleanors erste Worte: „Danke vielmals. Danke, dass du gefragt hast."

„Mom, es ist mir sehr schwer gefallen zu fragen, aber ich weiß, dass William und Barry nicht in der Lage sind, darüber zu sprechen. Ich will, dass die Dinge so geregelt werden, wie du es wünschst."

„Sei bitte so lieb und schreib du alles für mich auf", sagte Eleanor. Ich nahm den Stift in die Hand.

„Pastor Boliek hat sich schon bereit erklärt, den Nachruf zu halten", sagte sie. „Und ich möchte, dass du bei der Trauerfeier singst!"

„Aber Mom, ich weiß nicht, ob ich dann singen kann."

„Doch, du kannst es. Gott wird dir die Kraft dazu geben. Und ich möchte auch, dass du erzählst. Du weißt, dass ich nicht sterben will, aber ich habe keine Angst vor dem Tod, und ich weiß, wo ich hingehe. Ich fände es schön, wenn alle meine Freunde und Angehörigen bei meiner Beerdigung sind, aber noch wichtiger ist mir, dass ich sie alle im Himmel wieder sehe. Du sollst allen, die zur Trauerfeier kommen, erzählen, was Gott alles für mich getan hat, seit ich bei den ‚Women of Faith' dabei sein konnte. Und dann will ich, dass du singst ‚Du großer Gott, wenn ich die Welt betrachte'."

„Einverstanden, Mom ... das werde ich tun."

„Weiter. Ich möchte in dem Kleid begraben werden, das ich bei deiner Hochzeit getragen habe. Es steht mir gut." Wir mussten beide einen Moment lang grinsen angesichts der Ironie in diesen Worten.

„Was soll mit dem Schmuck geschehen, Mom?"

Wir wählten jeweils ein Schmuckstück aus für jede der „Women of Faith"-Rednerinnen, für Mary und Lana.

„Wenn du ihnen das überreichst", sagte Eleanor, „dann sag ihnen: Es ist deshalb, weil sie mir Christus nahe gebracht haben."

„Das will ich gerne tun", sagte ich in dem Bewusstsein, wie viel das den Frauen bedeuten würde.

„Ach ja, und jetzt such mir die goldenen Perlen."

„Was für goldene Perlen?", fragte ich. Ich wusste, was Eleanor so alles an Schmuck hatte, weil Barry und ich ihr einiges geschenkt hatten, und da waren keine goldenen Perlen dabei.

„Sie sind auf einer Kette aufgefädelt", sagte sie.

Ich kramte also eine Weile in den Schmuckkästchen herum, und tatsächlich fand ich ein paar matt glänzende Perlen an einem Kettchen – Modeschmuck, der keine zwanzig Dollar gekostet haben dürfte. „Meinst du die?"

„Genau!", sagte sie mit einem Frohlocken in der Stimme, das ich schon lange nicht mehr gehört hatte. Sie nahm sie in die Hand und prüfte jede einzelne Perle, als ob es sich um wertvolle Edelsteine handelte. „Mit diesen möchte ich beerdigt werden."

„Warum gerade damit?"

„Schau sie dir genau an!", antwortete sie und reichte mir die Kette.

Anfangs sah ich nichts Außergewöhnliches, aber dann konnte ich den Zahnabdruck auf einer der Perlen erkennen. Und als ich noch genauer hinsah, entdeckte ich sie auf jeder Perle: Abdrücke von kleinen Zähnen. Da erinnerte ich mich, dass Christian im Auto gern in seinem Sicherheitssitz saß, die Nana neben ihm, und genüsslich an ihrer Kette kaute.

„Versprich mir, dass du sie mir anlegen wirst, wenn ich aufgebahrt werde."

„Mom, ich verspreche es." Wieder einmal kamen mir die Tränen.

„Und ich möchte sie auch im Sarg tragen, ganz nah am Herzen."

Dann zog Eleanor ihren Diamantring vom Finger. „Was soll ich mit dem anfangen?", fragte sie. „Möchtest du ihn haben, Sheila?"

„Gern. Aber ich habe eine bessere Idee. Ich könnte ihn für Christian aufbewahren. Wenn er später einmal das richtige Mädchen trifft, kann ich es ihr als ein Geschenk von dir geben."

Ein Schluchzen schüttelte Eleanor. Ich wartete einen Moment, dann klappte ich das Bettgeländer nach unten, legte mich neben sie und hielt ihre Hand. Wir schwiegen eine Weile. Dann wandte ich mich ihr zu und sah, dass auch sie weinte.

„Ich möchte nicht, dass Christian mich vergisst", sagte sie wieder, schluchzend. Es kostete sie Kraft, die sie kaum mehr aufbringen konnte.

„Mom, er wird dich nicht vergessen! Du bist fest eingewoben in die ersten Jahre seines Lebens." Ich nahm sie in die Arme, als ob sie ein Kind wäre. Ich hatte keine Ahnung, ob ich gerade eine sterbende Frau in falscher Hoffnung gewiegt hatte. Wie gut kann sich ein zweieinhalbjähriges Kind erinnern? Ich wusste es nicht. Aber selbst wenn es nicht wahr wäre, hätte ich dasselbe gesagt.

Dann sangen wir gemeinsam, was wir beide glaubten, obwohl wir es nicht sehen konnten:

All people that on earth do dwell,
Sing to the Lord with cheerful voice;
Him serve with fear, His praise forthtell,
Come ye before Him and rejoice.

The Lord, ye know, is God indeed;
Without our aid He did us make;
We are His flock, He doth us feed,
And for His sheep He doth us take.

O enter then His gates with praise,
Approach with joy His courts unto;
Praise, laud, and bless His name always,
For it is seemly so to do.

For why? the Lord our God is good,
His mercy is forever sure:
His truth at all times firmly stood,
And shall from age to age endure.

Praise God, from whom all blessings flow;
Praise Him, all creatures here below;
Praise Him above ye heav'nly host;
Praise Father, Son and Holy Ghost.

Nun jauchzt dem Herren, alle Welt!
Kommt her, zu seinem Dienst euch stellt!
Kommt mit Frohlocken, säumet nicht,
Kommt vor sein heilig Angesicht.

Erkennt, dass Gott ist unser Herr,
Der uns erschaffen ihm zur Ehr
Und nicht wir selbst, durch Gottes Gnad
Ein jeder Mensch sein Leben hat.

Er hat uns ferner wohl bedacht
Und uns zu seinem Volk gemacht,
Zu Schafen, die er ist bereit
Zu führen stets auf gute Weid.

Er ist voll Güt und Freundlichkeit,
Voll Lieb und Treu zu jeder Zeit,
Sein Gnad währt immer dort und hier
Und seine Wahrheit für und für.

Gott Vater in dem höchsten Thron
Und Jesus Christ, sein einz'ger Sohn,
Samt Gott, dem werten Heilgen Geist,
Sei nun und immerdar gepreist.[14]

Das Klavier

Sei mir gnädig, o Gott, sei mir gnädig;
denn ich flüchte mich zu dir.
Im Schatten deiner Flügel finde ich Zuflucht,
bis das Unheil vorübergeht.

PSALM 57,1 (EÜ)

Barry und ich wollten der Martin Luther-Kirche gerne ein Geschenk machen. Eleanor war fast ihr ganzes Leben lang Mitglied dieser Gemeinde gewesen. Die Mitarbeiter waren die ganze schwere Zeit hindurch so aufmerksam und lieb zu uns gewesen, besonders Terry Doucette, eine der Schwestern, die freiwillig einige Stunden in der Kirche aushalf und jeden Tag zu uns gekommen war. Christian liebte sie. Sie hatte ihm ein Stofftier mitgebracht aus seinem Lieblingsfilm „Das große Krabbeln“ (Dadurch ist sie nun seine Freundin fürs Leben geworden!). Terry hat sich über jedes Maß hinaus, das man hätte erwarten können, eingesetzt – sie gehörte praktisch zur Familie. Ich sah auch, wie sie William aufrichtete, und hätte sie dafür küssen können.

Barry und ich fragten sie eine Woche vor Eleanors Tod: „Gibt es irgendetwas Spezielles, was wir der Gemeinde stiften könnten? Etwas, das auch für dich wichtig wäre?“

„Etwas mit Musik“, war ihre spontane Antwort.

Wir riefen Mary Nell Whittaker an, die dem Kirchengemeinderat angehört, und fragten sie, ob die Gemeinde irgendetwas in Sachen Musik gebrauchen könnte.

„Ich weiß nicht, an was für eine Summe Sie gedacht haben“, sagte sie, „aber die Gemeinde braucht tatsächlich etwas: ein neues Klavier.“

Ich sprach mit Mom, und sie hielt es für eine wunderbare Idee. Barry besorgte Kataloge mit Bilden verschiedenster Klaviere und zeigte sie ihr. Sie wählte einen kleinen, mit Walnussholz furnierten Flügel aus. Wir nahmen Kontakt auf mit Kawai, dem

Hersteller dieses bestimmten Instrumentes, und fragten, ob es lieferbar sei. Der Repräsentant der Firma konnte uns nicht sagen, ob auch nur ein solches Exemplar zu dieser Zeit in Amerika war, aber er sagte uns, er werde sich darum bemühen.

Das war eine Woche, bevor Eleanor starb. Das Klavier wurde an ihrem Todestag geliefert, und als Begleitinstrument kam es zum ersten Mal zum Einsatz, als ich bei Eleanors Beerdigung das Lied „Du großer Gott, wenn ich die Welt betrachte" sang.

Then sings my soul,
My Saviour God, to Thee:
How great Thou art,
How great Thou art!

Dann jauchzt mein Herz dir,
Großer Herrscher, zu:
Wie groß bist du,
Wie groß bist du![15]

Eleanor's Favorite Hymn

A mighty fortress is our God,
A bulwark never failing;
Our helper He amid the flood
Of mortal ills prevailing.
For still our ancient foe
Doth seek to work us woe –
His craft and pow'r are great,
And armed with cruel hate,
On earth is not his equal.

Did we in our own strengh confide,
Our striving would be losing,
Were not the right man on our side,
The man of God's own choosing.
Dost ask who that may be?
Christ Jesus, it is He –
Lord Sabaoth, His name,
From age to age the same,
And He must win the battle.

And tho' this world, with devils filled,
Should threaten to undo us,
We will not fear, for God hath willed
His truth to trimph thru us.
The prince of darkness grim,
We tremble not for him –
His rage we can endure,
For lo, his doom is sure:
One little world shall fell him.

Eleonors Lieblingslied

Ein feste Burg ist unser Gott,
Ein gute Wehr und Waffen.
Er hilft uns frei aus aller Not,
Die uns jetzt hat betroffen.
Der altböse Feind,
Mit Ernst er's jetzt meint.
Groß Macht und viel List
Sein grausam Rüstung ist,
auf Erd' ist nicht seinsgleichen.

Mit unsrer Macht ist nichts getan,
Wir sind gar bald verloren.
Es streit für uns der rechte Mann,
Den Gott hat selbst erkoren.
Fragst du, wer der ist?
Er heißt Jesus Christ,
Der Herr Zebaoth,
Und ist kein andrer Gott,
Das Feld muss er behalten.

Und wenn die Welt voll Teufel wär
Und wollt uns gar verschlingen,
So fürchten wir uns nicht so sehr,
Es soll uns doch gelingen.
Der Fürst dieser Welt,
Wie saur er sich stellt,
Tut er uns doch nichts,
Das macht, er ist gericht'.
Ein Wörtlein kann ihn fällen.

That word above all earthly pow'rs,
No thanks to them, abideth;
The Spirit and the gifts are ours
Thru Him who with us sideth.
Let good and kindred go,
This mortal life also –
The Body they may kill;
God's truth abideth still,
His kingdom is forever.

Das Wort sie sollen lassen stahn
Und kein' Dank dazu haben.
Er ist bei uns wohl auf dem Plan
Mit seinem Geist und Gaben.
Nehmen sie den Leib,
Gut, Ehr, Kind und Weib,
Lass fahren dahin,
Sie haben's kein Gewinn,
Das Reich muss uns doch bleiben.[16]

Auf Wiedersehen

Jesus Christus aber, unser Herr, und Gott, unser Vater, der uns seine Liebe zugewandt und uns in seiner Gnade ewigen Trost und sichere Hoffnung geschenkt hat, tröste euch und gebe euch Kraft zu jedem guten Werk und Wort.

2. THESSALONICHER 2,16F (EÜ)

Der 3. Mai 1999 war ein Montag. Früh am Morgen waren wir alle um Eleanors Bett versammelt. William hielt ihr die eine Hand, Barry die andere. Christian schlief in seinem Bettchen im Erdgeschoss.

„Ich weiß, dass meine Zeit gekommen ist“, verkündete Eleanor. „Ich möchte jedem von euch noch etwas sagen.“

„Sag doch nicht so was“, sagte Barry.

„Es muss sein“, gab Eleanor zurück. Sie wandte sich William zu. „William, du warst mir in siebenundvierzig Jahren ein sehr guter Ehemann. Nicht viele Männer hätten sich so um mich gekümmert, wie du es getan hast. Ich weiß, ich kann bisweilen sehr schwierig sein.“

„Du doch nicht“, sagte William mit einem Augenzwinkern.

Sie lächelte.

„Barry. Ich mache mir überhaupt keine Sorgen um dich. Du warst ein wunderbarer Sohn. Du bist ein großartiger Ehemann und ein feiner Daddy. Pass gut auf diesen kleinen Jungen auf, und achte darauf, dass er seine Nana nicht vergisst.“

„Ganz bestimmt werde ich das tun, Mom“, war Barrys Antwort. Tränen liefen ihm über die Wangen. „Ich liebe dich so, Mom.“

„Ich liebe dich auch, Barry. Ich bin stolz auf dich.“

Dann suchte sie mich. Sie ließ Williams und Barrys Hand los und umfasste mein Gesicht sanft mit ihren Händen.

„Sheila!“ – einige Augenblicke sagte sie kein Wort mehr, aber ihre Tränen redeten umso lauter. Schließlich fand sie die Sprache wieder. „Du warst eine gute Schwiegertochter für mich. Jetzt bist du meine Tochter."

Ich konnte nichts entgegnen auf diese Ehrung. Nur Gott konnte das bewirkt haben. Ich küsste sie dankbar und voller Respekt.

„Wir wollen jetzt alle voneinander Abschied nehmen", sagte sie.

„Hast du den Eindruck, dass du heute gehen musst?", fragte ich.

„Jedenfalls schon bald", sagte sie.

„Dann werde ich meinen Auftritt bei der ‚Women of Faith'-Konferenz in Kansas an diesem Wochenende absagen."

„Auf keinen Fall!", gebot sie. „Du gehst da hin und erzählst den Frauen, dass Gott sie liebt. Mach dir keine Gedanken um mich."

Ich wusste nicht, wie ich damit umgehen sollte.

Etwas später saßen William, Barry und ich am Frühstückstisch.

„Sie will, dass du fährst, das weiß ich", sagte William. „Sie hat es mir eingeschärft. Ich bin sicher, sie wird noch da sein, wenn du zurückkehrst."

So flogen Barry, Christian und ich drei Tage später nach Kansas City. Wir riefen an, sobald wir im Hotel eingetroffen waren.

„Sie scheint wieder etwas stärker zu sein", sagte William.

Ich war so erleichtert. Ich hatte mir so gewünscht, dass ich in Eleanors Todesstunde bei ihr sein könnte; ich wollte sie in Gottes Hände geben.

Wir standen am Sonntag nach der Konferenz früh um 4.00 Uhr auf und fuhren zum Flughafen, um den ersten Flug zu erwischen. Als wir eingecheckt hatten, sagte Barry: „Ich denke, ich rufe meinen Dad an."

„Es ist noch etwas früh, Schatz. Er wird noch schlafen." Wir hatten für die Tage, in denen wir weg waren, eine Nachtschwester angestellt, sodass William sich etwas ausruhen konnte.

Barry ging trotzdem zu den Fernsprechern gegenüber in der Abflughalle. Ich ging mit Christian in den Wickelraum. Als wir zurückkamen, kam mir Barry entgegen. Er musste nichts sagen.

Ich sah es ihm an: Eleanor war tot. Sie war am Abend zuvor gestorben – am Samstag, dem 8. Mai.

Wir flogen nach Charleston. Unterwegs versuchte ich Christian zu erklären, dass Nana jetzt bei Jesus war, aber er antwortete nichts darauf. William war am Flughafen, um uns abzuholen, und Christian lief auf ihn zu und umarmte ihn, als ob alles wie sonst wäre.

Als wir ins Haus gingen, fragte Christian: „Wo ist Nana?"

„Nana ist bei Jesus, mein Liebling. Erinnerst du dich: Mama hat es dir im Flugzeug erzählt."

„Oh ja", sagte er, „das hab ich ganz vergessen." Er begann in seinem kleinen Koffer zu kramen.

„Was machst du, mein kleiner Freund?", fragte ich.

„Ich suche meine guten Schuhe, damit wir Nana und Jesus besuchen können."

„Heute nicht, mein Schatz", sagte ich. Ich versuchte ihm zu erklären, dass wir nicht dahin laufen konnten, wo Jesus und Nana waren. Dann bat er darum, in ihr Zimmer zu gehen. Ich ging mit ihm hinauf. Ihr Leib war nicht mehr dort, nur noch das weiße Pflegebett stand da. Er ging um das Bett herum und sagte dann: „Nana ist bei Jesus."

„Ja, Schatz. Nana ist bei Jesus."

William kam nach oben und nahm Christian mit nach unten, wo das Frühstück wartete. Aber ich blieb noch im Zimmer. Alles war noch so, wie wir es zurückgelassen hatten. Der Fußbalsam stand noch auf dem Nachttisch. Ich konnte den Duft des Sprays wahrnehmen, das ich benutzt hatte, um Eleanors Stirn zu kühlen, wenn sie fiebrig war. Da war die Plastiktasse mit einem Trinkhalm und noch einem Rest Limonade darin. Ein Fläschchen mit flüssigem Morphin, diesem brutalen Freund, stand auf dem Tisch an der Tür zum Badezimmer, außer Reichweite für Christian. Der Kassettenrekorder stand am Fußende des Bettes. Ich drückte die Play-Taste. „Come Rest a While" erklang. Ich weinte.

Später kamen Leute, um das Pflegebett abzubauen. Christian sagte: „Ich will zusehen, wie sie Nanas Bett runterbringen."

Ich hatte keine Ahnung, was in seinem Kopf vorging. Er und

ich saßen einfach nur da auf dem Teppich, gegen die Wand gelehnt, und beobachteten, wie die Männer das Bett zerlegten. Als sie die Teile dann aus dem Haus trugen, sagte Christian zu ihnen: „Nana braucht das Bett nicht mehr, weil sie jetzt bei Jesus ist."

Einer der Männer lächelte und sagte: „Das ist der beste Ort, den man sich denken kann, Kleiner."

Ich weiß nicht, wie viel ein zweieinhalbjähriges Kind verstehen kann, aber ich weiß, dass Christian ein sehr empfindsamer kleiner Junge ist. Einmal mussten wir uns was einfallen lassen, um einen Teddybär zu entfernen, weil er nach Christians Meinung immer so traurig aussah. Ich kann nur eins tun: ihn beobachten, ihn lieben und immer ein Foto von Eleanor in Reichweite haben.

Mom, ich werde mein Versprechen halten.

Dritter Teil:

Heimkehr

Kostbar ist in den Augen des Herrn
das Sterben seiner Frommen.

Psalm 116,15 (EÜ)

Treasures of Heaven

Come home, you weary traveler,
Come home, and be with Me.
Come bring to Me your shattered dreams
And lay them at My feet.
I will lay you into freedom now.
I will light the road ahead.
So come, take this hand I'm holding out
And suffer no regret.

All the treasures of heaven I will give to you,
For the chains that would bind you are broken in two
All I ask is you love Me with all that you are.
And I promise the treasures of heaven will be yours.

Lay down those broken promises.
Bring me your broken heart.
Lay down the years of trying hard
To make it on your own.
I have loved you with a perfect love.
I am here, so run to Me.
You are more to me than precious stones.
Oh, child, now don't you see?[17]

Schätze des Himmels

Komm heim, du müder Wanderer,
Komm heim und sei bei mir.
Komm, bring deine geplatzten Träume
Und leg sie mir zu Füßen.
Ich werde dich in die Freiheit führen.
Ich werde den weiteren Weg erleuchten.
Siehst du meine Hand? Ergreif sie.
Du wirst es nicht bereuen.

Alle Schätze des Himmels werde ich dir geben,
Jetzt, wo die Ketten gesprengt sind, die dich gefesselt haben.
Was erwarte ich dafür: Liebe mich mit allem, was du bist,
Und die Schätze des Himmels sind dein.

Leg all die leeren Versprechen weg.
Bring dein zerbrochenes Herz zu mir.
Lass die Jahre vergeblicher Anstrengung zurück,
In denen du es auf eigene Faust versucht hast.
Ich habe dich geliebt mit vollkommener Liebe.
Ich bin hier, komm zu mir.
Du bist für mich kostbarer als ein Edelstein.
Mein Kind, kannst du das nicht erkennen?

Aufgebahrt

Quiet now, so still,
Like a china doll, carefully kept, treasured, safe.
The tiny lines of pain around your eyes erased,
Smoothed by God's hand.
Quiet now, so still.

Still nun, so still.
Wie eine Puppe aus Porzellan, mit Sorgfalt behandelt,
gut geschützt.
Die feinen Linien des Schmerzes um deine Augen
kaum sichtbar,
gemildert von Gottes Hand.
Still nun, so still.

Eine traumatische Erfahrung stand uns noch bevor: Eleanor aufgebahrt zu sehen. Für Barry war es vernichtend. Auch wenn man weiß, dass die eigene Mutter stirbt; auch wenn einem eine Krankheit wie Krebs einige Zeit lässt, sich darauf vorzubereiten, wird man doch nie die Vorstellung ertragen können, die Mutter vor sich in einem Sarg zu sehen – so still, so abwesend.

Ich hatte noch nie in meinem Leben einen toten Menschen gesehen und floh wie ein Kind vor dieser Erfahrung. In Schottland wird man, wenn man gestorben ist, in den Sarg gelegt, und der Sarg wird verschlossen. Kein Gedanke an so etwas wie Einbalsamieren, und schon gar nicht wird der Leichnam öffentlich aufgebahrt.

Eine Stunde, bevor die Abschiedszeremonie begann, gingen Barry und ich zusammen mit William in den Raum. Wir wollten uns vergewissern, dass alles so war, wie Eleanor es sich gewünscht hatte. Als Barry seine Mom erblickte, weinte er laut vor Schmerz. Ich hatte ihn noch nie zuvor in einer solchen Verfassung gesehen, und es brach mir das Herz.

Schließlich ging auch ich zum Sarg hin. Eleanor hatte mich gebeten, darauf zu achten, dass ihr Schmuck am rechten Platz war und ihr Make-up so, wie sie es mochte. Als ich so am Sarg stand, war mir völlig klar, dass das nicht mehr Eleanor war. Aber sie sah so schön und friedvoll aus. Ich legte das Bild in den Sarg, das sie am meisten geliebt hatte: Es zeigt sie mit Christian lächelnd und in enger Umarmung. Ihre Ohrringe lagen etwas unordentlich da, und ich befestigte sie. Dabei streifte meine Hand ihr kaltes, ebenmäßiges Gesicht. Es durchzuckte mich wie ein elektrischer Schlag. Diese Wange hatte ich so oft gestreichelt. Ich musste lächeln, als ich die vergoldeten Perlen an der Kette um ihren Hals sah mit den kleinen Zahnabdrücken darauf.

Barry war völlig durcheinander. In diesem Moment ist mir klar geworden, was für ein Gottesgeschenk unsere engsten Freunde sind. Mary Graham, die für Barry so etwas wie eine große Schwester ist, hatte eigentlich ihre Abreise nach Afrika geplant, aber nun sollte einen Tag vorher Eleanors Beerdigung stattfinden.

Als sie davon erfuhr, sagte sie sofort: „Ich werde bei euch sein.“ Sie und Ney Bailey, zwei von den Menschen, die wir unglaublich schätzen, haben uns bei jedem Schritt in diesen Tagen unterstützt. Nun stand Mary an dem Sarg neben Barry und mir. Wenn Barry wegzuknicken drohte, stützte sie ihn.

Eine von Eleanors Sorgen war gewesen, dass niemand zu ihrer Beerdigung kommen würde, weil sie ihrer eigenen Einschätzung nach zu Lebzeiten manchmal recht schwierig gewesen war. Aber nun war der Raum voll von Blumen und Freunden. Blumen von Luci Swindoll, Barbara Johnson, Thelma Wells, Marilyn Meberg, Patsy Clairmont, Joni Eareckson Tada – von all den gläubigen Frauen, mit denen Eleanor in den letzten zwei Jahren zu tun gehabt hatte. Sie waren Quellen des Erbarmens und der Gnade für sie gewesen auf eine Art und Weise, wie sie das nie zuvor erlebt hatte. Ein hübsches Gesteck von Steve Arterburn, einem guten Freund – er ist Leiter der Organisation „Women of Faith“. Ein schöner herzförmiger Kranz von Eleanors Schwestern. Blumen von meiner Mutter, meiner Schwester und meinem Schwager. Blumen von Nachbarn und Freunden aus der Gemeinde.

Es war überwältigend. Auch bei dieser Zeremonie war beides untrennbar verknüpft: der Schmerz des Abschieds und die Freude zu wissen, wie begeistert Eleanor gewesen wäre, den Raum so voller Menschen zu sehen. Wenn ich an diesen Moment zurückdenke, kommt mir immer in den Sinn, was auf Joni Eareckson Tadas Karte stand: „Die Fassung ist zerbrochen, aber der Diamant ist in Sicherheit.“

Das meiste von dem, was an diesem Tag geschah, verschwimmt in meiner Erinnerung. So viele Menschen gingen am Sarg vorbei. Manche Gesichter erkannte ich, aber viele waren mir auch fremd. Nach etwa einer Stunde kamen einige von Barrys alten Schulkameraden vorbei. Es war offensichtlich eine große Erleichterung für ihn, dass er sich mit ihnen befassen konnte. Ich blieb bei Eleanors Sarg. Ich wusste, sie war nicht mehr da, aber was von ihr noch da war, sah so verletzlich aus. Ich hatte das Gefühl, sie beschützen zu müssen.

Dann war es vorbei, und wir gingen nach Hause. Dort saßen

wir noch eine Weile zusammen und sprachen über die vergangenen Stunden, darüber, wie schön Eleanor ausgesehen hatte, wie stolz sie gewesen wäre. Nun war sie daheim und frei.

„Pop, wie war ihre letzte Stunde?“, fragte ich.

„Sie hatte keine Schmerzen. Sie sah aus wie ein kleines Mädchen“, sagte er und suchte dabei mit den Augen ein Bild an der Wand, das die beiden als Paar zeigte. „Sie sagte noch einmal Barrys Namen, dann hat sie das Bild von Christian und dir genommen, das sie am liebsten hatte, und hat es auf ihr Herz gelegt. Und dann ist sie gestorben.“

„Also war ich bei ihr, Pop?“

„Du warst da, mein Herz.“

Gott hatte mein Gebet erhört.

Ich sagte zu Barry und William: „Eh ich es vergesse: Ich möchte gerne Moms Puppensammlung behalten.“

Die Beisetzung

Under a Southern tree,
Gentled by moss and by time,
Tenderly shaded,
It's quiet and still.
Rest now, sweet friend of mine.

Unter einem Baum im Süden,
Von Moos und von der Zeit abgemildert,
Sanft beschattet,
Ist es ruhig und still.
Ruh dich aus, meine liebe Freundin.

Des Menschen Tage sind wie Gras,
er blüht wie eine Blume des Feldes:
Wenn der Wind darüber fährt, ist er dahin,
und seine Stätte weiß nicht mehr von ihm.
Aber die Gnade des Herrn währt von
Ewigkeit zu Ewigkeit über denen, die ihn fürchten,
und seine Gerechtigkeit über Kindeskindern.

Psalm 103,15-17 (Zü)

Am Dienstag, dem 11. Mai, musste ich morgens um neun in der Martin Luther Lutheran Church sein, um mit dem Pianisten zu üben. Ich konnte es kaum fassen, dass der Flügel noch rechtzeitig geliefert worden war. Der Klang war brillant! Ich sah auf das Meer von Blumen und wusste, Eleanor wäre zufrieden gewesen. Sie hatte es stets verstanden, Blumen schön zu arrangieren. Mir hatte sie immer gesagt, meine Blumen sähen eher aus wie verstoßene Kinder, und damit hatte sie zweifellos Recht gehabt.

Dann fuhr ich zurück zu William und Barry. Pastor Boliek war inzwischen eingetroffen, und er schien ein sehr warmherziger Mensch zu sein. Er umarmte William und Barry. Er umarmte mich, und mit Christian machte er „Gib mir fünf!".

Bald tauchte vor dem Haus der Pfaehlers die Limousine auf, die uns zur Kirche bringen würde. Fast hätte ich laut gelacht. Es war dieselbe Limousine, die uns zu unserer Hochzeit chauffiert hatte!

Bei der Kirche angelangt, gingen William, Barry, Mary und ich durch die Hintertür hinein, um auf den Sarg zu warten. Von diesem Eingang aus hatte man einen guten Blick auf den Altarraum. Die Kirche war voll, selbst auf der Empore saßen noch Menschen. Ich sah Emily Schroeder dort und bemerkte, wie sie die Blumengestecke bewunderte. Wir waren froh, all die Leute zu sehen, aber als dann der Sarg hereingetragen wurde, wurde es für Barry zu viel. Ich musste ihn stützen, als wir dem Sarg folgten und dann vor dem Altarraum Platz nahmen.

Barry hatte nicht genau gewusst, ob der Pastor eher etwas Persönliches über Eleanor sagen würde oder ob er die Trauergemeinde geistlich herausfordern würde. Pastor Bolieks Predigt enthielt beides. Er sprach über Römer 14,8: „Leben wir, so leben wir dem Herrn, sterben wir, so sterben wir dem Herrn. Ob wir leben oder ob wir sterben, wir gehören dem Herrn."

Ich werde nie vergessen, was er gesagt hat. Ohne dass er es hätte wissen können, drückte Pastor Boliek viel von dem aus, was Gott mich auf dem Weg mit Eleanor in ihren letzten Tagen gelehrt hatte. Zufall? Das kann ich nicht glauben.

Pastor Boliek begann mit den Worten: „Als meine Kinder in der Schule Possessivpronomen lernen mussten, lebten wir schon hier auf James Island. Was ich schon immer an dieser Gegend geliebt habe, das ist diese wunderbare Prägung, die der Akzent von Charleston der englischen Sprache gibt. Eleanor und William waren das perfekte Beispiel dafür. Die Charlestoner ergänzen oft das Wort ‚eigen', um zu betonen, wem etwas gehört. Sie sagen etwa: ‚Das ist Mamas eigenes Buch' oder ‚Das ist Johns eigener Wagen.'

Ich bin nicht sicher, ob das grammatikalisch korrekt ist, aber interessanterweise hat Paulus im Römerbrief genauso geredet. Er erklärte, dass die Gemeinde ‚eine auserwählte Generation' ist, ‚Gottes eigenes besonderes Volk'. Eine doppelte Besitzanzeige. Das ist es, was Paulus den Christen in Rom gesagt hat und heute uns sagt. Ob wir leben oder sterben, ganz gleich, was uns passiert, wir gehören zum Herrn. Wir sind sein Eigentum, er kümmert sich um uns.

Es ist wunderbar, wenn man zu jemandem gehört und wenn andere zu einem gehören. Im Leben geht es im Wesentlichen darum."

Ich saß da in der ersten Reihe in diesem holzvertäfelten Altarraum und dachte: *Ja, Herr. Genau diese Lektion hast du mir beigebracht.*

Pastor Boliek fuhr fort mit seiner Auslegung. „Was uns menschlich macht, das ist nicht so sehr der Umstand, dass wir vernunftgesteuert sind, sondern vielmehr, dass wir von Beziehungen leben. Wir sind miteinander verbunden durch Blutsbande oder durch Heirat oder durch Freundschaft oder durch den gemeinsamen Glauben. Und was noch größer ist: Wir stehen in Beziehung zu Gott persönlich. ‚Wir gehören dem Herrn.'

Eleanor wusste das alles. Sie war eine Mutter, die ihrem Sohn besitzanzeigende Wörter beigebracht hat. Und sie war ein Kind Gottes. Sie wusste Bescheid über das Leben und das Sterben und das neue Leben."

Die Predigt schloss mit den Worten: „Das Evangelium für diesen Tag, die gute Nachricht für uns, lautet so: Wir gehören demselben Herrn. … Ob wir leben oder ob wir sterben, wir und Eleanor gehören zu dem Herrn."

Dann war ich an der Reihe. Ich ging vor an den Sarg und drehte mich zu der Trauergemeinde um. Ich weiß nicht mehr viel von dem, was ich gesagt habe. Ich weiß noch, dass ich gescherzt habe über den Umstand, dass William und Eleanor siebenundvierzig Jahre verheiratet waren und all die Zeit über in ein und demselben Haus gelebt haben, während Barry und ich in fünf Jahren Ehe schon an sechs verschiedenen Orten zu Hause waren. Ich weiß, dass ich allen für ihr Kommen gedankt habe. Ich erzählte ihnen, dass Eleanor keine Angst vor dem Sterben gehabt hatte.

„Sie war im Frieden", sagte ich. „Sie hat in ihrem Sterben das gefunden, was sie ein Leben lang gesucht hatte: eine enge, persönliche Beziehung zu Jesus Christus und zu den Menschen, die ihr wichtig waren. Eleanor und ich sind beide durch die Erfahrung ihres langsamen Sterbens verändert worden, auch wenn keine von uns sich diese Veränderung auf eine solche Art und Weise gewünscht hatte."

Dann zitierte ich Eleanor: „Du weißt, dass ich nicht sterben will, aber ich habe keine Angst vor dem Tod, und ich weiß, wo ich hingehe. Ich fände es schön, wenn alle meine Freunde und Angehörigen bei meiner Beerdigung sind, aber noch wichtiger ist mir, dass ich sie alle im Himmel wieder sehe. Du sollst allen, die zur Trauerfeier kommen, erzählen, was Gott alles für mich getan hat."

Schließlich sang ich „Du großer Gott, wenn ich die Welt betrachte", wie ich es ihr versprochen hatte. Ich sang mit einer Freude, von der ich nicht gedacht hätte, dass sie zu dieser Zeit überhaupt in mir war. Aber vor meinem geistigen Auge konnte ich Eleanor sehen, befreit, singend vor dem Thron der Gnade.

Ich hatte vorher keine Ahnung, was auf dem Friedhof passieren würde. Man hatte es uns freigestellt, das Grab schon unmittelbar nach der Aussegnung zu verlassen, aber Barry wollte, dass wir ganz bis zum Schluss dableiben. Wir sahen also zu, wie die Friedhofsarbeiter den Sarg vollends absenkten und das Grab wieder mit Erde verfüllten. Barry wollte nicht weggehen, bevor alles endgültig vorüber war.

Später an diesem Tag, nachdem auch die letzten Trauergäste das Haus verlassen hatten, fuhren wir noch einmal zum Friedhof mit Mary Graham und Patsy Clairmont. Christian war auch dabei. Barry, William und ich saßen im Schatten eines Baumes, der Eleanors Grab bewachte.

„Schöne Blumen, Mami!", sagte Christian und tanzte dabei wieder und wieder um den Baum. „Ich mag diesen Park."

Am Abend, als der ganze Albtraum der Aufbahrung und der

Beerdigung vorbei war und William und Barry schon schliefen, lag ich eine Stunde lang schluchzend im Badezimmer auf dem Boden. Ich trauerte um Eleanor, ich weinte wegen William, wegen Barry, wegen Christian, wegen mir selbst, wegen uns allen. Weinte über die Zerbrechlichkeit des menschlichen Lebens, das doch von Gott ganz anders gedacht war.

Unmittelbar nachdem wir erfahren hatten, dass Eleanor gestorben war, hatte ich noch gedacht: *Barry, du hast ja keine Ahnung, wie sehr du deine Mom vermissen wirst, auch wenn sie dich jetzt manchmal zur Raserei treibt. Du denkst, du bist schon erwachsen, und du bist verheiratet, und jetzt auch noch Vater. Aber du wirst deine Mutter vermissen.*

Im Hinblick auf William hatte ich gedacht: *Ihr hattet siebenundvierzig gemeinsame Jahre, und du hast sie jetzt eine lange Zeit während ihrer Krankheit versorgen können, und doch werden Augenblicke kommen, in denen dich der Schmerz wieder überfallen wird.*

Aber mit einem hatte ich nicht gerechnet. Nämlich damit, dass Eleanors Tod auch *mein* Herz derart erschüttern würde. Auch ich würde sie vermissen. Auch wenn es sich fast schon wieder um einen süßen Schmerz handelte. Manchmal in der Vergangenheit hatte ich gedacht: *Eleanor, warum musst du so kompliziert sein?* Aber nach der langen gemeinsamen Wegstrecke der letzten Monate hatte ich nun eine herzensliebe Freundin verloren. In dieser einsamen Stunde, als alle anderen schon schliefen, fand ich Zeit für meine ganz persönliche Trauer.

You are precious beyond measure.
You're a river running free
To the lives of Adam's broken ones,
For Your river has saved me.
If I live to be a hundred years, I'll never understand,
King of kings,
Lord of lords,
All the grace that's in Your hands.

Du verdienst alle Bewunderung der Welt.
Du bist ein nicht zu bändigender Strom
Für die gefallenen Kinder Adams.
Dieser Strom hat mich gerettet.
Hundert Jahre würden nicht ausreichen,
König der Könige,
Herr der Herren,
Um all die Gnade zu ermessen,
Die du bereithältst.

Meine drei Jungs!

Den Einsamen gibt Gott ein Zuhause.

Psalm 68,6 (Zü)

Barry und ich waren uns immer einig gewesen, dass William nach Eleanors Tod zu uns ziehen sollte. Das stand außer Frage. Was ich aber nicht absehen konnte: wie viel Freude mir das bereiten würde. Wir sind nun eine neue Kernfamilie. Wir sind zu viert. Ich stehe früh um 6.00 Uhr auf, denn ich liebe es, zu schreiben, zu lesen und Stille Zeit zu halten, bevor Christian aufwacht. Ich bereite den Kaffee und hole die Zeitung für William rein. Sein Wecker klingelt um sieben, und dann teilen wir uns die Zeitung, und jeder liest dem anderen vor, was ihm ins Auge fällt. Wir reisen alle zusammen und helfen uns gegenseitig. Ich liebe dieses Leben. Ich bin eine gesegnete Frau.

Einen Monat nach der Beerdigung beschloss William, noch einmal nach Charleston zu fahren und einiges zu erledigen, was noch offen geblieben war.

„Soll ich mitfahren?“, fragte Barry.

„Nein“, sagte William. „Ich möchte das selbst zu Ende bringen.“

„Ruf mich an, sobald du da bist“, sagte ich. „Nur damit wir wissen, dass du sicher angekommen bist.“

An diesem Abend sprach ich mit Barry, nachdem Christian eingeschlafen war. „Was, wenn Pop eigentlich für sich leben und nicht auf Dauer zu uns ziehen will? Ich würde ihn sehr vermissen.“

„Wir müssen abwarten, wie sich die Dinge entwickeln, Schatz. Das ist allein seine Entscheidung.“

Später rief William an. Er war gut angekommen.

„War es schlimm, allein ins Haus zurückzukehren?“, fragte ich.

„Das war es“, war seine Antwort. „Ich musste lange weinen.“

„Das ist gut, Pop. Lass den Tränen freien Lauf.“

„Ich liebe dich bis jenseits des Himmels", sagte er, bevor er auflegte – sein liebster Abschiedsgruß.

Ich hatte mich schon öfter über diese Formulierung gewundert, folglich fragte ich Barry danach. „Was soll das heißen? Jenseits des Himmels gibt es nichts!"

Barry musste lachen. „Das ist eben mein Dad. Er meint natürlich: für immer und ewig."

Am nächsten Morgen rief William wieder an. „Habt ihr mich vermisst?", fragte er forschend.

„Machst du Witze? Natürlich vermissen wir dich", war meine Antwort.

„Dann komme ich heim."

Ich war glücklich.

Obwohl wir uns allmählich an ein Leben ohne Eleanor gewöhnten, war die nächste „Women of Faith"-Konferenz eine harte Zeit für mich. Sie fand am 11. Juni statt, einen Monat nach ihrem Tod. Zum ersten Mal sollte ich vor einer so großen Versammlung sprechen – mehr als fünfzehntausend Frauen, die da im Rund der gewaltigen Detroit Arena saßen. Ich wusste nicht, wie ich das überstehen sollte.

Etwa eine Stunde vor Beginn der Konferenz sagte Marilyn Meberg: „Du wirst nicht glauben, was ich gemacht habe." Sie war mit mir im Kaufhaus Escada in New York im Schlussverkauf gewesen, und wir hatten dort jeweils zwei Hosenanzüge erstanden.

„Ich habe beide Jacken dabei", sagte sie, „aber ich habe die Hosen zu Hause hängen lassen! Ich werde heute Abend auf die Bühne gehen müssen mit dem, was ich jetzt am Leib trage." Sie schämte sich über ihre Jeans, dabei sah sie in meinen Augen großartig aus.

Wir hatten alle sechs nacheinander zwei Minuten Zeit für ein kurzes Wort an die versammelten Frauen, bevor mein Vortrag beginnen sollte. Marilyn nutzte ihre zwei Minuten, um die Versammlung über ihr Missgeschick aufzuklären, und sagte schließlich: „Ich hoffe, Sie mögen mich so, wie ich jetzt bin, denn ich werde mich nicht vor Sonntag umziehen können."

Alle lachten, und wir fuhren fort im Programm.

Auf halber Strecke während meines Vortrages kam ich an den Punkt, an dem ich von Eleanor erzählen wollte. Ich schaute in das weite Rund der Arena. Unsere Bühne ist stets in der Mitte, und so können wir das gesamte Publikum überblicken. Meine Augen wanderten hoch zum obersten Rang, und da war William. Ganz allein stand er da an einem der Ausgänge, seine Silhouette hob sich ab gegen das Licht.

Ich musste meine Rede einen Augenblick unterbrechen, gepackt vom Mitleid, weil er seine Lebensgefährtin nach siebenundvierzig Jahren verloren hatte. Tränen liefen mir übers Gesicht. Ich blickte mich um nach meinen Freundinnen, die da auf der „Veranda" saßen – so nannten wir das (alle sechs Rednerinnen bleiben die ganze Konferenz hindurch in der Arena, sodass wir uns gegenseitig unterstützen können).

„Marilyn, hast du ein Taschentuch für mich?", fragte ich.

Sie zog sofort eines aus der bereitstehenden Schachtel auf der Veranda und kam zu mir auf der Bühne. Als sie mir das Papiertaschentuch reichte und sich wieder zum Gehen wandte, sagte ich: „Edle Klamotten, Marilyn!"

Die fünfzehntausend Frauen im Saal brachen in Gelächter aus.

Das war genau das befreiende Lachen, das ich brauchte – eine unerwartete Gnade inmitten eines unerfüllten Traums.

Das Gras verdorrt, die Blume verwelkt,
wenn der Atem des Herrn darüber weht.
Wahrhaftig, Gras ist das Volk.
Das Gras verdorrt, die Blume verwelkt,
doch das Wort unseres Gottes bleibt in Ewigkeit.

Wie ein Hirt führt er seine Herde zur Weide,
er sammelt sie mit starker Hand.
Die Lämmer trägt er auf dem Arm,
die Mutterschafe führt er behutsam.

Jesaja 40,7-8.11 (EÜ)

Ein Wort an die Leser

Ich habe eingangs geschrieben: Eleanor hat auf ihrer letzten Wegstrecke das gefunden, was sie ein Leben lang gesucht hatte. Und ich selbst bin über all die nichtigen Kleinigkeiten hinweggekommen und habe meine Schwiegermutter und Schwester in Christus lieben gelernt. Ich habe erzählt, dass mir die Erlebnisse mit Eleanor in den letzten Wochen ihres Lebens erst die Freiheit gaben, diese Geschichte zu schreiben, denn am Ende hat mir Eleanor auch noch in ihren schwächsten Momenten vertraut.

Mit Worten lässt sich nicht ausdrücken, wie dankbar ich Gott dafür bin, dass er Eleanor und mich in den Strom seiner Gnade getaucht hat. Wir hätten jeweils unser Dasein fristen können und wären uns nie näher gekommen – und damit wäre uns so viel entgangen. Jeder Mensch sehnt sich nach einer innigen Beziehung, aber zugleich schrecken wir oft davor zurück, denn in einer solchen Beziehung werden wir mit all unseren Eigenheiten sichtbar – einige sind nett anzusehen, andere dunkel und hässlich.

Ganz allmählich wird mir klar, was für Chancen darin liegen, wenn wir uns auf das Risiko einlassen, erkannt und geliebt zu werden. In diesem Vorgang liegt die große Gelegenheit, dass wir uns verändern. Ich sehe jetzt, dass Christus uns nicht immer vom Schmerz befreit. Er begegnet uns mitten im Schmerz und geht den restlichen Weg mit uns bis auf die andere Seite. Darin liegen zu viele Geheimnisse, als dass ich sie fassen könnte, aber das eine weiß ich: Es ist zwar einfacher, Menschen zu lieben, die mit uns seelenverwandt sind, aber nachhaltig verändert werden wir, wenn wir die lieben, die uns zunächst fremd sind.

Ein Brief an Eleanor

8. Oktober 1999

Liebe Eleanor,

jetzt ist es schon fünf Monate her. Ich kann es kaum glauben, und doch scheint der Abstand manchmal schon viel länger. Ich weiß nicht genau, warum ich diesen Brief schreibe. Mir fehlt die Postleitzahl des Himmels, und du bist vermutlich viel zu beschäftigt mit Singen, als dass du deine Post studieren könntest. Und doch möchte ich mir vorstellen, dass ich dir einen kleinen Eindruck von unserem Leben vermitteln kann – nun, wo du nicht mehr bei uns bist.

Du hast so schön ausgesehen, wie du im Sarg lagst. Barry hat geweint. Er sagte, der Anblick erinnerte ihn daran, wie er dich als kleiner Junge erlebt hat. Ich habe mit dem Bestatter gescherzt, der deinen Körper einbalsamiert hat, und fragte, ob er nicht ein paar Abzüge von dir hätte (du siehst: immer noch derselbe schwarze Humor …)

William hat erst zwei Tage nach der Beerdigung zu weinen begonnen. Ich hatte ein Video eingelegt, auf dem du mit Christian zu sehen bist, als er ein Jahr alt war. Christian hat dich auf dem Bildschirm entdeckt und vor Freude geschrien: „Da ist Nana!" Er hat den Fernseher umarmt und dein Bild auf dem Bildschirm geküsst. William ging nach nebenan und hat geweint. Das war wohl nötig.

Nun sind wir also zu viert. Deine Jungs und ich. William ist direkt nach der Beerdigung nach Nashville umgezogen und lebt jetzt bei uns. Es ist schön, ihn hier zu haben. Er hat sich drei Wochen lang gut betragen; so lange hat er in der Küche nichts verräumt. Aber der Druck war wohl doch zu groß, und so steht jetzt alles woanders.

Mir macht das nichts mehr aus. Dein Sterben hat mich das gelehrt. Ich denke an all die Gelegenheiten, an denen du und ich uns über Kinkerlitzchen gezankt haben. Wir vier versuchen uns jetzt einfach nur lieb zu haben. Ich wünschte, ich hätte dich besser geliebt, Eleanor, aber ich bin so dankbar, dass wir uns wenigstens am Ende in Gottes Armen gefunden haben.

William scheint glücklich zu sein. Er bleibt nie länger als zwei Minuten sitzen. Du weißt ja, wie er ist. Ganz gelegentlich allerdings finde ich ihn in der Küche sitzend mit einem ganz bestimmten Gesichtsausdruck, und dann weiß ich, dass er an dich denkt und dich vermisst. Wir alle vermissen dich. Ich habe Fotos von dir überall im Haus verteilt, sodass du in gewisser Weise doch bei uns bist.

Manchmal, wenn Christian an einem vorbeikommt, hält er inne, nimmt das Bild in die Hand und sagt: „Hallo, Nana!"

Christian wird richtig groß. Ich kann es kaum glauben, dass er fast schon drei ist. Es ist toll für ihn, dass sein Opa jetzt bei uns lebt. Bisher habe ich ihn immer selbst in den Schlaf gewiegt – jetzt muss ich teilen. In manchen Wochen kriege ich nur drei Tage ab! Aber auch teilen habe ich gelernt in der langen Zeit deines Sterbens.

Ich muss dir noch von den „Women of Faith" erzählen. Du würdest es nicht glauben, wie viele Frauen jeweils nach der Konferenz noch auf uns warten, manche zwei Stunden lang, nur um sich zu bedanken und uns zu sagen, dass sie nach Hause fahren mit dem festen Vorsatz, einander mehr zu lieben. Du hast uns viel hinterlassen. Ich denke an eine Passage in einem Buch von Oswald Chambers, das Patsy Clairmont mir gegeben hat. Er spricht davon, dass wir nie für uns alleine leiden. Ich verstehe das jetzt. Ich sehe, wie Gott unseren Schmerz stillt – nicht nur in unserem eigenen Leben, sondern auch im Leben anderer Menschen. Ich vermute, du und ich, wir haben vor allem das „Vorher"-Bild gesehen! Ich bin so dankbar, dass wir inzwischen auch einen kleinen Vorgeschmack auf das „Nachher" bekommen haben.

Du bist nun am Ziel! Wie ich mir wünsche, dass du Fotos schicken könntest! Hast du meinen Vater getroffen? Er ist der freundliche Herr mit der großartigen Stimme. Fügt sich für dich jetzt alles zu einem sinnvollen Mosaik zusammen, oder hat dich der

Anblick des Thrones so beeindruckt, dass du an irdischen Kleinkram nicht mehr denkst? So viele Fragen.

Ich ertappe mich oft dabei, dass ich an dich denke. Kann sein, ich gehe irgendwo auf einer unserer Reisen durch eine Einkaufspassage, und dann sehe ich etwas in einem Geschäft und denke mir: *Das hätte Eleanor gefallen!* Einmal hätte ich fast ein Paar Schuhe für dich gekauft. Ich hatte es schlicht verdrängt, dass du ja nicht mehr bei uns bist.

Ich muss schließen. Christian, Barry und William werden jeden Moment zurück sein. Sie waren unterwegs, um irgendwelche „Männer-Angelegenheiten“ zu erledigen, die mit Hamburgern zu tun hatten.

Ich bin so froh, dass du eine Zeit lang in meinem Leben warst. Ich bin eine andere Frau geworden durch dich. Ich lerne auch jetzt im Nachhinein noch aus der langen Zeit deines Sterbens. Ich halte öfter inne. Ich höre genauer zu. Ich freue mich mehr. Ich überwinde mich selbst – meistens jedenfalls – und rege mich nicht mehr so auf. Ich möchte eine Frau des Glaubens sein – nicht nur auf Konferenzen, sondern in meinem ganzen Leben.

Ich werde gut auf deine Jungs aufpassen. Wir werden alle bald nach Hause kommen, und dann wird dieses Leben mit all seinem Wohl und Wehe nicht mehr sein als eine schwache Erinnerung. Auf Wiedersehen, Eleanor … und: Danke!

Deine dich liebende Tochter

Danksagung

Janet, dir danke ich von ganzem Herzen für deinen Weitblick und deine Leidenschaft für dieses Buch. Du hast mir beigestanden und mich ermutigt, diese Geschichte zu erzählen. Ich bin sicher, dass dieses Buch das Leben vieler Familien beeinflussen wird. Wenn ich danke, dann zugleich im Namen von Eleanor.

Anmerkungen

[1] Das amerikanische Erntedankfest fällt stets auf den 4. Sonntag im November und markiert den Beginn der Weihnachtszeit

[2] „Saving Grace." Von Sheila Walsh, John Hartley und Gary Sadler. © 2000 Integrity's Hosanna! Music/ASCAP und Worshiptogether.com Songs (EMI Christian Music Publishing).

[3] „Deck the halls", populäres Weihnachtslied

[4] Sonett Nr. 116 in der Übersetzung von Max Josef Wolff, erschienen 1903 in der Goldenen Klassikerbibliothek

[5] Übersetzung von Terese Robinson

[6] amerikanische Entsprechung zu „Backe, backe Kuchen"

[7] „The Race", von Sheila Walsh. © 1998 Little Pilgrim Music

[8] Beverly Hillbillies = sprichwörtlich f. „Landeier"; Titel einer in den 60er-Jahren populären Fernsehserie (dt: „Eine Familie vom Lande")

[9] „Blue Waters." Von Sheila Walsh, John Hartley und Margaret Becker. © 2000 Integrity's Hosanna! Music/ASCAP und Worshiptogether.com Songs und His Eye Music (EMI Christian Music Publishing) und Maggie Bee's Music (EMI Christian Music Publishing).

[10] „Let His Love Flow Down." Von Sheila Walsh. © 1998 Little Pilgrim Music

[11] „The Book of Joy and Sorrow." Von Sheila Walsh. © 1998 Little Pilgrim Music

[12] „Joy." Von Sheila Walsh. © 1998 Little Pilgrim Music

[13] Thomas O. Chrisholm, dt.: Wolfgang Zorn

[14] Cornelius Becker 1602, bearbeitet von David Denicke 1646; nach Psalm 100; englische Fassung von William Keethe 1561

[15] aus dem Schwedischen von Manfred von Glehn 1867-1924

[16] Martin Luther 1529; englische Fassung von Frederick H. Hedge (1805 – 1890)

[17] „Treasures of Heaven." Von Sheila Walsh. © 1998 Little Pilgrim Music